Regina Gehmlich

Aus dem Schatzkästchen der Inselbummlerin 2

Moen   Schiermonnikoog

Moen. Wo der Norden Südsee mimt

Mitreisende: M(40), R(36), M(8), A(7), D(5)

Da waren wir also. Nach einem Tag Fahrt durch mehr oder weniger starken Regen hatten wir Moen erreicht – die dänische Ostseeinsel mit den Kreidefelsen. Als wir ankamen, hatte für eine kleine Weile die Sonne geschienen, doch nun, da wir nach Zeltaufbau und Abendbrot für ein erstes Begrüßungsbad am Strand standen, war der Himmel wieder grau verhangen. Wir gingen trotzdem ins Wasser; die Anspannung der Reise wollte abgewaschen werden. Erfrischt und wohlig kuschelten wir uns danach in unsere Schlafsäcke. Was würden die kommenden Tage wohl für uns bereithalten?

Am nächsten Morgen weckte uns feiner Regen, der leise, aber unüberhörbar auf unser Zeltdach fiel. War das Wetter also nicht über Nacht umgeschlagen, wie wir aus unverbesserlichem Optimismus gehofft hatten. Enttäuscht krochen wir noch tiefer in unsere Schlafsäcke hinein. Wozu sollten wir jetzt schon aufstehen? Uns nassregnen lassen konnten wir später immer noch.

Als wir das zweite Mal erwachten, herrschte Stille. Hatte der Regen etwa aufgehört? Wir standen auf und traten hinaus. Der Himmel war grau, aber es regnete tatsächlich nicht mehr und war auch wesentlich wärmer, als man es beim Anblick der Wolken erwarten wollte. Was fingen wir nun am besten mit diesem Tag an? War das Regenwetter endgültig vorbei oder machte es nur eine Pause? Würde der Regen noch stärker zurückkehren oder die Wolkendecke am Nachmittag vielleicht sogar aufreißen? Auf keine dieser Fragen hatten wir eine Antwort. Wenn wir wenigstens wüssten, ob in den nächsten Tagen besseres Wetter zu erwarten war! In der Küche hatten wir zwar eine Zeitung der letzten Tage gefunden, aber war die darin enthaltene Prognose noch gültig? Da es Sonntag und eine aktuelle Zeitung damit kaum zu erhalten war, blieb uns nichts anderes übrig, als an der Rezeption nachzufragen; in der Hoffnung, dass man dort den Wetterbericht verfolgt hatte. Die Auskunft, die wir erhielten, war ernüchternd. In unserer Vorfreude auf den Inselaufenthalt waren wir wie selbstverständlich von schönem Wetter ausgegangen, doch nun hieß es, der heutige Tag bliebe, wie er jetzt war, und wäre damit einer der schönsten für die kommende Woche. Immerhin erleichterte es uns die Entscheidung: Wenn dieses Wetter das beste war, das wir bekommen konnten, dann mussten wir heute unbedingt zu den Kreidefelsen.

Wir brachen auf. Unser Weg führte uns an leicht hügeligen, immer wieder durch Baumgruppen aufgelockerten Äckern vorbei. Wie Bänder zogen sich rechts und links von uns blaue Blumenstreifen entlang. Sie führten uns bis ans Ende der Felder, wo das Land, die nahende Steilküste ankündigend, allmählich anstieg und der Wald begann.

Kurz vor Mittag hatten wir den eigentlichen Ausgangspunkt unserer Wanderung erreicht. Das Wetter war auch hier das gleiche wie auf unserem Zeltplatz. Nebelartig hingen die Wolken tief zwischen den Bäumen und versprühten feinen Niesel. Die Menschen um uns herum trugen Regenjacken. Doch noch hatten wir die Hoffnung nicht aufgegeben, dass der Himmel aufreißen würde. Vielleicht am Nachmittag? Also durften wir nicht zu früh an den Kreidefelsen vorüber sein. Um Zeit zu gewinnen, statteten wir daher dem nahegelegenen, Geozentrum genannten Kreidefelsenmuseum einen Besuch ab.

Den Kopf voller Informationen traten wir nach ungefähr einer Stunde wieder ins Freie. Das Wetter war immer noch dasselbe, nur dass es gerade einmal nicht nieselte. Doch länger warten konnten und

wollten wir nicht. Also folgten wir den Wegweisern und Wanderzeichen und gelangten zum Abstieg. Die Steilheit des Hanges verriet die Nähe des Meeres, aber noch waren keine Kreidefelsen zu entdecken. Erst als wir schon fast ganz unten waren, gaben die Bäume den Blick auf eine Kreidezacke frei. Wenig später hatten wir den Strand erreicht und konnten nun die Klippen in voller Größe sehen: In mattem Weiß ragten sie links neben uns senkrecht in die Höhe, an ihrem Fuß durch einen schmalen Streifen schwarzer Feuersteine vom Meer getrennt.
Zum Weitergehen wandten wir uns jedoch nach rechts. Hier reichten die Felsen zunächst bis ans Wasser heran, nur ein paar größere Steine ermöglichten es uns, den hinter der Felsnase beginnenden Feuersteinstreifen zu erreichen. Wir zogen unsere Schuhe aus und begannen im Wasser watend den Strand entlangzulaufen. Den Blick nach unten gerichtet suchten wir nach versteinerten Muscheln und Seeigeln, die an Kreideküsten immer besonders leicht zu finden sind. Das Meer neben uns schwappte träge unter den schwer auf ihm lastenden Wolken und versuchte, diese an Grau noch zu übertreffen. Kein Lüftchen regte sich; alles schien erstarrt zu sein. Ohne es zu merken, verlangsamten auch wir.

Mit kleinen Schritten gingen wir vorwärts, hoben hier und da einen Stein auf, betrachteten ihn von allen Seiten und ließen ihn dann doch wieder fallen.

So wenig Reize das eintönige Grau unseren Augen bot, so sehr schärfte es unsere übrigen Sinne. Geräusche, die uns wohl schon eine Weile begleiteten, drangen plötzlich in unser Bewusstsein vor: die Feuersteine unter unseren Füßen klangen seltsam hohl, und wenn ein von uns weggeworfener Stein auf sie traf, hörte es sich an wie Glas. Das war eigentlich nicht weiter verwunderlich, wenn man bedachte, dass beide Materialien miteinander verwandt waren, und doch überraschte es uns. Manchmal fielen unsere Steine auch in die schmale, Strand und Meer trennende Tangmatte. Dann war überhaupt kein Laut zu vernehmen. Wir sahen, dass sie heruntergefallen waren, wir wussten es, doch für unsere Ohren fielen sie noch immer. Wir blieben stehen, warfen gezielt ein paar weitere Steine in den Tang und genossen die Verwirrung, die die Unhörbarkeit des Aufschlags für den Bruchteil einer Sekunde in unseren Köpfen anrichtete. Wie eng hatte hundertfache Erfahrung Bild und Ton doch miteinander verknüpft!

Weitergehend nahmen wir im Schwappen des Meeres noch ein anderes Geräusch wahr, das uns bisher nicht aufgefallen war und das ein wenig an fallende Kegel erinnerte. Woher kam es? Die auf- und ablaufenden Wellen beobachtend, erkannten wir es bald: faustgroße, vom zurückströmenden Wasser mitgerissene Feuersteingerölle rollten klappernd auf ihresgleichen ins Meer. Kam die nächste Welle heran, blieben sie einen Moment liegen, um mit dem ablaufenden Wasser wiederum ein Stück fortgerissen zu werden. Im gleichmäßigen Rhythmus der Wellen kollerten die Steine lauter und leiser durcheinander, als würden sie tanzen. Dem Kollerklang lauschend gingen wir gemächlich weiter und ertappten uns bei dem Wunsch, selbst einer dieser Steine zu sein. Gleichzeitig erahnten wir die dahinter steckende Kraft des Meeressoges, der es schaffte, die schweren Steine mit einer solchen Leichtigkeit in Bewegung zu versetzen. Leider wurde der Strand bald breiter und flacher, und das Kollern verschwand.

Ein paar Meter hinter dem nächsten Treppenaufgang hielten wir Rast. Es hatte die ganze Zeit nicht mehr geregnet, so dass wir uns auf einem trockenen Baumstamm niedersetzen konnten. Und da geschah es: die Wolkendecke, die sich – von uns unbemerkt – bereits die ganze Zeit gehoben hatte, riss auf! Zuerst nur an ein paar kleinen Stellen, doch diese verbanden sich rasch zu größeren Löchern, durch die das Sonnenlicht hindurchflutete. Mit einemmal erstrahlte die Landschaft um uns in Farben, die eben noch völlig unmöglich gewesen waren. Die Kreidewand zu unserer Linken leuchtete hellweiß herüber; das Meer vor ihr schimmerte türkisfarben, um mit zunehmender Tiefe in intensives Blau überzugehen. Ungläubig bestaunten wir diese Verwandlung: was vor wenigen Stunden nicht mehr als eine letzte Hoffnung zu sein schien, war Wirklichkeit geworden! Vor Verwunderung vergaßen wir fast, uns darüber zu freuen, dass unsere Taktik aufgegangen war.

Hatten wir zu Beginn der Rast schon in Erwägung gezogen, den hiesigen Aufgang zu nehmen und den Strand zu verlassen, entschlossen wir uns nun, doch noch weiterzugehen. Das Steinesammeln trat in den Hintergrund, dafür wanderte unser Blick jetzt öfter zu den Kreidefelsen hinauf, die sich nahezu ständig zu verändern schienen. Mal erstrahlten sie in reinem Weiß, mal zeigten sie sich in verwaschenem Beige, wenn eingelagerter Lehm sie verfärbte. Überall durchzogen schwarze Feuersteinbänder ihre Flanken. An manchen Stellen ragten die Klippen hundert Meter senkrecht in die Höhe, so dass wir ihr Ende kaum sehen konnten, andernorts zogen sich die Hänge stufenförmig bis wenige Meter über unsere Köpfe herab. Dort, wo die Hangstufen noch jung waren, wurden sie zaghaft von einer gelben Blumenmatte bedeckt; auf die älteren hatte sich nach und nach der Küstenwald hinabgewagt. Wo er es besonders weit hinunter geschafft hatte, ragten trotzig weiße Felszacken über die dunkelgrünen Baumkronen hinaus. Fast hatte es den Anschein, als wollten sie die Ausbreitung des Waldes stoppen – ein Vorhaben, das uns von Vornherein zum Scheitern verurteilt schien.

Wir liefen und schauten. Irgendwann bemerkten wir an den immer niedriger werdenden Kreidewänden, dass wir uns dem Ende der Steilküste näherten. Ein Blick in die Karte verriet, dass kein weiterer Aufgang vor uns lag. Also kehrten wir um und verließen bei der ersten sich bietenden Möglichkeit den Strand. Nach exakt vierhundertzweiundachtzig Treppenstufen langten wir ziemlich außer Atem oben an. Wir gönnten uns eine kurze Pause, dann wanderten wir, dem Pfad auf der Kliffkante folgend, oben auf den Kreidefelsen zurück; hindurch durch einen jungen Buchenwald, dessen Bäume von den ständig wehenden Winden allesamt meerwärts gebogen worden waren. Von Zeit zu Zeit gaben diese Bäume den Blick auf die Kreideklippen frei. War ihr Anblick schon vom Strand aus beeindruckend gewesen, so war er jetzt regelrecht überwältigend: Die Wolken hatten sich fast vollends verzogen, aus dem Novembergrau war Hochsommer geworden. Von einem strahlend blauen Himmel schien die Sonne mit aller Kraft herab. Ihr Licht wurde von den sich aus dem nun hellgrün erscheinenden Blätterdach des Küstenwaldes erhebenden Kreidezacken leuchtendweiß zurückgeworfen. Selbst dort, wo sich die Kreide unter Wasser fortsetzte, schien dieses Leuchten durch das Türkis des Wassers hindurch anzuhalten, bevor es weiter draußen vom tiefblauen Meer geschluckt wurde. Was für ein Farbenspiel - wie auf den Traumfotos ferner Südseeinseln! Die nahezu unglaubliche Intensität der Farben erinnerte uns tatsächlich an südlichere Gefilde, doch gleichzeitig gab es keine Zweifel daran, dass wir uns im Norden befanden. Lag es an der fehlenden Hitze? Am gewohnten Aussehen der Bäume? Wir wussten es nicht, wollten aber auch nicht weiter darüber nachdenken. Immer wieder von neuem staunend eilten wir von

Aussichtspunkt zu Aussichtspunkt und konnten uns nicht sattsehen an diesem Bild, in dem jede Farbe die andere übertrumpfen zu wollen schien.

Viel zu schnell waren wir wieder an unserem Ausgangspunkt angelangt. Durch die Felder kehrten wir zurück zum Zeltplatz, doch diesmal geleiteten uns die blauen Blumenstreifen nicht. Wo waren sie hin?

Bevor wir uns am Abend schlafen legten, warfen wir noch einmal einen Blick gen Westen an den Himmel. Nur ein paar wenige Wölkchen waren zu sehen. Auch die Schwalben flogen recht hoch. Sollten wir für morgen noch solch einen Sommertag erwarten dürfen?

Heller Sonnenschein in unserem Zelt weckte uns am nächsten Morgen. Froh, mit unserer Wetterprognose recht gehabt zu haben, standen wir schnell auf, um das schöne Wetter zu nutzen, ehe es wieder vorüber war. Als wir nach dem zunächst nötigen Einkauf zum Zeltplatz zurückkehrten, war die Sonne jedoch schon wieder verschwunden, und dichte Wolken zogen am Himmel dahin. Zum Glück war es trocken und warm, und so sahen wir keinen Grund, unsere Pläne zu ändern.

Vorbei an den buschförmig gewachsenen Eichen, zwischen denen unser Zeltplatz lag, gelangten wir auf ein schmales Stück kurzhalmige Wiese, auf dem Glockenblumen und ein uns unbekanntes Gras mit dicken, scheinbar aus Fell bestehenden Köpfchen wuchsen. Im Vorbeigehen staunten wir, wie selbstverständlich das Blauviolett der Blumenblüten mit dem Altrosa der Fellköpfchen harmonierte. Jedem, der Kleidungsstücke dieser Farben kombinieren würde, hätten wir wohl jeglichen Geschmack abgesprochen, hier aber mussten sie gerade so und nicht anders sein.

Wir querten die mit Strandhafer bewachsenen Dünen und dann standen wir auch schon am Strand. Ruhig und wellenlos lag das Meer vor uns. Wir zogen die Schuhe aus und wandten uns nach links, der westlichen Inselspitze entgegen. Wir waren noch nicht weit gegangen, da fiel uns plötzlich auf, dass vor uns blauer Himmel war. Die Sonne in unserem Rücken wurde noch von einem großen Wolkenfeld verdeckt, das über uns hinwegzog, doch aus Westen kamen keine neuen Wolken nach. Verhaltene, noch etwas ungläubige Freude stieg in uns auf: das Wolkenfeld würde bald ganz vorübergezogen sein und den Weg für die Sonnenstrahlen wieder freimachen… Und tatsächlich; vielleicht eine Viertelstunde später schien die Sonne von einem wolkenlosen, tiefblauen Himmel herab, der Hochsommer hatte uns wieder!

Im flachen Wasser watend genossen wir beschwingt den weichen Grund unter unseren Füßen. Bis knapp unter die Wasseroberfläche reichende Sandbänke erlaubten es uns an manchen Stellen, ein Stück wieter hinauszulaufen. Von einer solchen Sandbank zurückkehrend entdeckten wir im strandnahen, tieferen Wasser winzig kleine Garnelen. Bei flüchtigem Hinschauen waren sie mit ihren hauchzarten, nahezu durchscheinenden Körpern fast nicht auszumachen. Nachdem wir aber erst einmal zwei oder drei gesehen hatten, fanden wir mit einemmal unzählige dieser Tiere. Solange wir es mit unseren Füßen nicht zu sehr bewegten, blieben sie ruhig im sonnenwarmen Wasser sitzen ohne sich von uns stören zu lassen. Kamen wir ihnen jedoch gar zu nahe, stoben sie in alle Richtungen auseinander und schienen spurlos verschwunden. Erneut mussten wir erst ein paar wenige entdecken, bevor wir sie plötzlich alle wieder sahen.

Von Sandbank zu Sandbank gelangten wir allmählich immer weiter nach Westen. Nun, da wir uns eingeschaut hatten, sahen wir es immer wieder von Garnelen wimmeln. Währenddessen stieg die Sonne höher und höher, und schon bald spürten wir ihre feinen Stiche auf unserer Haut. Gleichzeitig begann der Strand neben uns sich zu verändern. Fast übergangslos endeten die Dünen. An ihre Stelle trat eine Wiese aus übermannshohem Schilf, die landeinwärts kein Ende zu nehmen schien. An ihrem strandseitigen Rand wuchsen staudenartige gelbe und lila Blumen, die das gleichförmige Braungrün der Schilfschwingel auflockerten. Wir liefen immer noch im Wasser, doch der Sand unter uns wurde erst seltsam schwammig, dann fingen wir an einzusinken. Unsere Füße hinterließen Löcher, aus denen fauliger Gestank aufstieg. Schwarzer Schlick quoll aus ihnen hervor und verriet die Nähe des Sumpfes. Schnell begaben wir uns auf den trockenen Sand. Doch nur ein paar Meter konnten wir noch gehen, dann reichte das Schilf bis ins Wasser hinein. Der Strand war zu Ende, das Reich des Salzsumpfes begann. Auf der Suche nach einem Weg hindurch wagten wir uns zwischen die ersten Halme hinein. Nach zwei, drei Schritten blieben wir jedoch stehen: die dichtstehenden, jegliche Orientierung unmöglich machenden Schilfschwingel und der morastige Untergrund strahlten eine Feindseligkeit aus, die uns zurückweichen, ja beinahe fliehen ließ.

Wir kehrten um; die ersten Meter recht rasch, dann, mit zunehmender Entfernung vom Schilfrand, allmählich langsamer werdend. Mal in der Nähe des Wassers, mal zwischen den in lockeren Abständen stehenden gelben und lila Blumen hindurch gingen wir den Strand zurück. Bald erwachte die Neugier von neuem in uns, und wir versuchten noch einmal, einen Weg durch das Schilf zu entdecken. Doch auch hier wiesen uns Unüberschaubarkeit und das zwischen den Stängeln hindurchschimmernde Wasser zurück, auch wenn der Schilfgürtel bei weitem nicht so unheimlich wirkte wie am Strandende. Dafür war der Boden vor dem Schilf und auch zwischen den Blumen nun dicht mit stachligen Stranddisteln bedeckt, so dass wir ständig Gefahr liefen, schmerzhaft in eine solche Pflanze hineinzutreten. So schnell es unsere bloßen Füße erlaubten, verließen wir Schilfrand und Blumen und blieben den Rest des Weges an der Grenze zwischen nacktem Sand und Bewuchs. Hier gab es nur ein einziges, für unsere Füße ungefährliches, aber dafür umso faszinierenderes Gewächs. Auf den ersten Blick erschien es als ein einziges hellgrünes Durcheinander, doch als wir einen Moment länger hinschauten, begann es sich zu entwirren. Wir erkannten kleine dickfleischige Blätter und blasslila Blüten. Beide saßen an Stängeln, die auf dem Boden entlangkrochen, sich wieder und wieder in sämtliche Richtungen verzweigten und auf diese Weise ein dichtes Geflecht aufbauten. Es war unmöglich, herauszufinden, ob es sich um eine oder mehrere Pflanzen handelte; die Aufgabe, die sie erfüllten, war jedoch um so klarer zu erkennen: sie hielten den Sand des Strandes fest. Als wären sie sich ihrer Verantwortung bewusst, wagten sie nur ihre jüngsten Spitzen ein paar Zentimeter der Sonne entgegenzurecken, mit dem Rest duckten sie sich unter dem Wind und stellten sich ihm gleichzeitig entgegen. Trotz ihrer Unscheinbarkeit strahlten sie eine unbändige Kraft aus, die uns beinahe so etwas wie Respekt vor ihnen empfinden ließ. So gelangten wir zurück zum Dünenstrand. Den gewohnten Anblick bietend wirkte die Umgebung wieder freundlicher. Plötzlich hatten wir das Gefühl, von einem weit entfernten Weltende zurückzukehren; dabei waren es doch nur ein paar hundert Meter gewesen.

Inzwischen war es hoher Mittag geworden, und so legten wir erst einmal eine Rast ein. Nach einem Bad im endlos flachen Meer verließen wir später den Strand und wandten uns ins Inselinnere. Auch hier gab es Glockenblumen und das Fellköpfchen-Gras, aber längst nicht so zahlreich wie hinter unserem Zeltplatz. In einem Faltblatt hatten wir von einem Naturreservat mit Urwald sowie Sumpf- und Heidegebieten gelesen. Neugierig geworden folgten wir dem vor uns liegenden Trampelpfad, bis wir den Wanderweg erreichten, der uns durch eben dieses Reservat führen sollte.

Das erste, was uns dort begegnete, waren unzählige Mücken. Kaum verlangsamten wir unseren Schritt oder blieben gar stehen, fielen sie über uns her. Noch nie hatten wir in so kurzer Zeit derart viele Stiche erhalten! Als wir unsere Umgebung näher in Augenschein nahmen, stellten wir jedoch schnell fest, dass wir uns darüber nicht weiter zu wundern brauchten. Sie musste für Mücken geradezu paradiesisch sein: Links von uns lag der Wald, aus dem es uns feuchtkühl entgegenwehte, rechterhand lag eine morastige Wiese, in der hier und da Wasserlachen standen. Als wären wir in einer Teichlandschaft auf dem Festland - nichts wies darauf hin, dass wir uns nur wenige Meter vom Meer entfernt befanden.

Um die Mücken abzuschütteln schritten wir rasch voran. Der Wald neben uns glich tatsächlich einem Urwald. Die Bäume, meist Eichen, waren zwar nicht sehr alt, dafür zogen sich überall an ihnen Efeuranken empor. Oder hingen sie wie Lianen von den Ästen herab? Fast schien es uns so, und vielleicht taten sie wirklich sowohl das eine als auch das andere. Gern hätten wir tiefer hineingeschaut, doch das Rankengeflecht war derartig dicht, dass es den Wald in undurchdringliches Dunkel hüllte. Nur manchmal blinkte Moorwasser zwischen den Blättern hindurch, was den unwirtlichen Eindruck jedoch nur noch verstärkte.

Eine Weile später trat der Wald unvermittelt zurück. Vor uns lag eine Lichtung, über die eine mächtige, knorrig verwachsene Kiefer herrschte. Der Boden unter uns war mit einemmal viel trockener. Die Sumpfwiese zu unserer Rechten hatte sich vom Wegesrand zurückgezogen und war nur noch ein schmaler Streifen, hinter dem wir sogar das Schilf erahnen konnten, auf dessen anderen Seite wir am Vormittag gewesen waren. Wir hatten die Heide erreicht. Die Mücken nahmen ab, auch wenn wir immer noch nicht stehenbleiben durften. Für einen kurzen Moment begleitete uns Heidekraut, dann lag plötzlich das Meer vor uns. Gleich neben dem Weg begann das Schilf, das hier weit ins Wasser stand, so wie wir es von Seen und Teichen kannten. Und doch war es unverkennbar ein Meerufer, auch wenn wir nicht hätten sagen können, woran wir dies erkannten.

Der Weg machte einen scharfen Linksknick. In leichtem Auf und Ab, das wohl von den unterlagernden ehemaligen Dünen herrührte, führte er uns wieder landeinwärts. Gelbe und weiße Blumen standen kniehoch zwischen rostrot blühendem Gras. Dazwischen wuchsen vereinzelt Wacholderbüsche. Schmetterlinge gaukelten über der warmen Wiese. Eine Blindschleiche sonnte sich auf dem Pfad und huschte erst davon, als wir über sie hinwegschritten. Sommerliche Unbeschwertheit überall, doch bevor wir uns davon anstecken lassen konnten, begann nahezu übergangslos der Urwald. Schatten empfing uns, und auch die Mücken waren sofort wieder da. Rasch weitergehend versuchten wir dennoch, unsere neue Umgebung so genau wie möglich wahrzunehmen. Tatsächlich entdeckten wir nach und nach Einzelheiten in der grünen Wirrnis. Im Gegensatz zu den uns bekannten Forstwäldern, in denen alle Bäume relativ gleichalt waren, wuchsen hier die verschiedensten Baumgenerationen nebeneinander und teilten den Wald in mehrere Etagen ein. Den Boden zu unseren Füßen verdeckte dicht stehendes Farn, gegen das die allerjüngsten, noch dünnzweigigen Bäumchen anzukommen versuchten. Diejenigen, denen es gelang, die Farndecke zu durchstoßen, rangen neben uns mit dem Wacholder um die Vorherrschaft, welcher sich erstaunlich weit in den Wald hinein erstreckte, als wollte er die offene Heide weiter ausdehnen. Nur wer sich auch hier behauptete, konnte endlich zu einem stattlichen Baum heranwachsen und sein Blätterdach hoch über uns ausbreiten.

Auf einem schmalen Trampelpfad schlängelten wir uns durch das Grün, das uns von allen Seiten beinahe einhüllte. Wo der Boden besonders sumpfig war, hatten sich kleine Teiche gebildet. Bäume, die für den weichen Untergrund zu schwer geworden waren, waren in sie hineingestürzt und lagen nun, teils noch lebend, teils abgestorben kahl im Wasser. An anderen Stellen wiederum war der Boden trocken genug, um Heidelbeersträucher gedeihen zu lassen. Sogar Früchte wuchsen daran. Wir pflückten ein paar und kosteten. Besonders süß schmeckten sie nicht, doch das war auch nicht zu erwarten gewesen: allzu viel Sonne bekamen sie nicht.

Nachdem wir eine ganze Weile gegangen waren, öffnete sich der Wald plötzlich. Wir standen auf einer Wegkreuzung, die rings von sieben mächtigen Eichen umgeben war. Sofort waren wir uns sicher, dass dies die ältesten Bäume des gesamten Urwaldes waren. Dickstämmig standen sie da wie Denkmale, und erinnerten an einen gänzlich anderen Wald, der hier vor langer Zeit einmal gewesen war. Knorrig ragten ihre Äste in den Himmel. Sie gaben jeder einzelnen ein eigenes, unverwechselbares Aussehen und erzählten stumm aus ihrem Leben, so wie es Falten im Gesicht eines Menschen tun. Ein Hauch Vergangenheit wehte uns an, und wir wären gern länger an diesem Platz geblieben, doch die allgegenwärtigen Mücken trieben uns weiter.

Wir wandten uns nach rechts auf den kreuzenden Weg. Ihm folgend verließen wir den Urwald und gelangten an seinem Rand entlang noch einmal ans Meer. Ein Stück weit liefen wir an dem auch hier mit Schilf bestandenen Ufer dahin, dann wiesen uns die Wanderzeichen abermals landeinwärts. Wir stiegen über eine Viehzauntreppe und fanden uns in einer schier endlosen Wacholderheide wieder. Die jeweils kürzeste Linie zwischen zwei Wegzeichen suchend schlängelten wir uns zwischen ihren Sträuchern hindurch, die wie Tupfen in der Wiese standen. Ab und zu kamen wir auch an ein paar Vogelbeerbäumen vorbei, die mit ihren leuchtend roten Früchten etwas Abwechslung in die ansonsten grün in grün daliegende Heide brachten.

Die überall in der Wiese verteilten Hinterlassenschaften zeigten, dass die Weide genutzt wurde, doch weit und breit waren keine Tiere zu sehen. Dafür wurde die Wiese umso sumpfiger, je weiter wir gingen, so dass wir uns unseren Weg immer sorgfältiger zwischen Morastlöchern und Kuhfladen suchen mussten. Ausgerechnet an einer besonders feuchten Stelle entdeckten wir dann doch noch eine Kuh. Sie stand in einiger Entfernung links von uns und wäre nicht weiter beunruhigend gewesen, doch plötzlich traten rechts von uns ihre zwei Kälbchen hinter dcn Sträuchern hervor. Sie blieben, uns neugierig betrachtend, genau dort stehen, wo wir als nächstes entlanggehen mussten. Niedlich sahen sie ja aus mit ihrem schwarzen Zottelfell, das besonders an den Ohren in Fransen herabhing, aber was, wenn sie jetzt vor uns erschraken und ihre Mutter herbeiriefen? Zu allem Überfluss standen sie auch noch genau vor unserem nächsten Wanderzeichen, so dass wir ihnen nicht ausweichen konnten, ohne unseren Weg zwischen all den Wacholderbüschen völlig zu verlieren. Vorsichtig gingen wir weiter; auf die

Kälbchen zu und die Mutter im Auge behaltend. Doch diese schaute nur einmal kurz zu uns herüber, um dann in aller Ruhe weiterzufressen. Und auch die Kälbchen verloren ihr Interesse an uns. Sie wackelten noch einmal mit den Ohren, dann sprangen sie über den Weg und trollten sich zu ihrer Mutter.
Erleichtert gingen wir weiter, doch es sollte nicht unsere letzte Begegnung mit den Weidebewohnern gewesen sein. Wir hatten die Heide fast durchquert und konnten das Tor im gegenüberliegenden Weidezaun schon sehen. Im Gehen bestaunten wir zum wiederholten Mal das blau-rot-grüne Farbenspiel, das uns eine Vogelbeerbaumgruppe vor dem wolkenlosen Himmel bot, als wir sie mitten auf unserem Weg stehen und liegen sahen: drei kräftige, schwarze Stiere! Dahinter, zum Greifen nah, das jenseitige Weidetor, das uns schon fast auf den Zeltplatz brachte. Was jetzt? Würden die Tiere uns Platz machen, wenn wir einfach weitergingen? Wohl kaum. Sollten wir warten, bis sie den Weg von selbst verließen? Doch sie erweckten durchaus nicht den Eindruck, dass sie es eilig hatten, eher schienen sie sich in der warmen Sonne auszuruhen. Aber so kurz vor dem Ziel hatten wir auch keine Lust, noch lange auf das Ende unserer Wanderung zu warten. Zum Glück

war das Gelände offen genug, so dass wir das Tor im Blick behalten und uns also nicht verirren konnten. Wir verließen den Weg und begannen, einen Bogen um die Tiere zu schlagen. Dass wir dabei durch eine der morastigen Senken hindurch mussten, war uns egal. Braunes Wasser und Schlamm quollen in unsere Schuhe, doch wir achteten nicht darauf. Möglichst schnell und unbemerkt an den Stieren vorbeizukommen, war alles, was wir wollten. Es gelang. Noch erleichterter als nach dem Zusammentreffen mit den Kälbchen schlossen wir das Weidetor hinter uns. Nach ein paar Metern Straße schlüpften wir unter zwei Eichenbüschen hindurch und standen wieder auf unserem Zeltplatz.

Auch der nächste Tag versprach sonnig zu werden, und so beschlossen wir, einen weiteren Ausflug zu den Kreidefelsen zu unternehmen. Nachdem wir zuvor am südlichen Teil der Kreideküste gewesen waren, entschieden wir uns nun, ihr nördliches Ende als Ausgangspunkt zu nehmen. Noch einmal querten wir die Insel. Die blauen Blumen rechts und links der Straße waren wieder da und leuchteten uns im Sonnenschein entgegen. Viel schneller als beim letzten Mal erreichten wir die jenseitige Küste, dabei konnte der Weg eigentlich nicht kürzer gewesen sein.

Vorbei am Schloss Liselund und dem dazugehörigen Park gelangten wir durch einen feuchten Grund in einen Wald aus mächtigen Buchen. Hell und licht zog er sich den vor uns liegenden Hang hinab. Auf seinem Boden lagen gelbbraune Vorjahresblätter, die von den durch die Baumkronen fallenden Sonnenstrahlen beinahe zum Leuchten gebracht wurden, als wären sie noch einmal lebendig. Das Ende des Hanges war nicht zu sehen. Er verlor sich einfach irgendwo in der Tiefe, genau wie der Serpentinenweg, den wir nun hinabzusteigen begannen. Nichts deutete darauf hin, dass wir an einer Küste standen. Unser Verstand sagte uns zwar, dass da unten das Meer sein musste, doch zu sehen war es nicht. Wir hätten uns genauso gut irgendwo auf der Flanke eines tief eingeschnittenen, festländischen Flusstales befinden können und fast fühlten wir uns auch so. Erst als wir ungefähr die Hälfte des Hanges hinabgestiegen waren, ließ sich das Rauschen der Wellen vernehmen. Einen Moment lang bildete es einen Widerspruch zu dem Festlandsanblick, doch nach der nächsten Wegbiegung zeigte sich das Meer auch unseren Augen: tieftürkis schimmerte es von weit unten durch die Baumkronen herauf, das Sonnenlicht noch stärker zurückwerfend als der gelbbraune Blätterboden. Der Festlandseindruck wich, und endlich fühlten wir uns wirklich wie an einer Küste. Mit jedem unserer Schritte kam das Blaugrün nun näher, als würden wir den Hang hinabrennen. Der Wald reichte bis ans Wasser hinunter, von Kreidefelsen war weit und breit nichts zu sehen. Erst als wir unten angekommen hinter den letzten Bäumen hervortraten, sahen wir sie sich langsam ansteigend aus dem Strand erheben.

Die Schuhe in der Hand wandten wir uns nach rechts und folgten der Uferlinie. Die Küste hier wirkte wilder als der Abschnitt, an dem wir zuvor gewesen waren. Neben uns wuchsen die Kreidefelsen empor und hoben den Wald allmählich in die Höhe. So mancher Baum war dabei über die Kante herabgestürzt und lag nun kahl und sonnengebleicht am Strand. Bäche schossen in steil eingegrabenen Rinnen herab und verloren sich am Strand zwischen den Feuersteinen. Hier und da waren feucht gewordene Lehmeinlagerungen ins Rutschen gekommen und hatten Teile der Kreidewand mit nach unten gerissen.

An einer dieser Stellen lag ein Baum quer über den Strand und versperrte uns mit seiner Krone den Weg. Da wir ihn auf keiner Seite umgehen konnten, drangen wir ein in sein noch grünes Blätterdach. Tief gebückt kletterten wir von Ast zu Ast durch den Baum hindurch. Mehr als einmal blieben unsere Rucksäcke in den Zweigen hängen, und wir mussten uns, nur notdürftig Halt habend, aus ihnen befreien. Kaum waren wir jedoch auf der anderen Seite der Krone herausgekrochen, da sahen wir in einiger Entfernung einen weiteren Baum liegen. Wenn wir den ersten überwunden hatten, würde uns auch der zweite nicht aufhalten, dachten wir, doch als wir unmittelbar davor standen, sah es anders aus: dieser Baum war viel größer als der erste, die Äste seiner auf dem Strand liegenden Krone viel ausladender und dichter verzweigt. Hier konnten wir nicht einfach darüberklettern: der Kronenansatz, wo die Lücken zwischen den Ästen groß genug für uns waren, lag zu hoch! Darunter hindurchzukriechen schien ebenso unmöglich, dafür war das Gewirr aus Zweigen viel zu dicht. Was nun? War die vorangegangene Kletterpartie umsonst gewesen? Sollte unser Weg wirklich hier schon zu Ende sein? Nein, das wollten wir nicht akzeptieren. Irgendwie musste sich doch auch dieses Hindernis überwinden lassen!

Unsere Blicke wanderten den Baum entlang. Er war offenbar nicht über die Felskante gekippt, sondern auf einem der Hangrutsche herabgeglitten. Sein Stamm und der unterste Teil der Krone lagen auf einem lockeren Haufen Lehm, aus dem das Sickerwasser reichlich hervorperlte. Wenn wir diesen Haufen bis zum Stamm des Baumes erklommen, müssten wir hinübergelangen können.

Gesagt, getan. Mit bloßen Füßen begannen wir, den Lehm hinanzustapfen. Erst jetzt bemerkten wir, wie steil der Haufen an der Kreidewand lehnte. Dort, wo der Lehm trocken und locker war, sanken wir bis über die Knöchel in den Krümeln ein, ohne allzu viel an Höhe zu gewinnen. Dort, wo er feucht war, war er fester, dafür aber glitschig. Nur mit Mühe und eingekrallten Zehen fanden wir Halt und waren froh, als wir die ersten Äste erreichten. Zu unserer Freude erkannten wir, dass wir gar nicht hinauf bis zum Stamm kraxeln mussten, sondern gleich hier durch die Krone hindurchsteigen konnten. Wieder kletterten wir von Ast zu Ast, und wenn wir dazwischen doch einmal auf den Boden traten, quoll uns der matschige Lehm durch die Zehen. Mit viel Glück gelangten wir ohne Sturz auf der anderen Seite den Hügel wieder hinab und standen am Strand. Unsere Füße steckten wie in Socken in einer schnell trocknenden Lehmschicht. Einen Moment lang erwogen wir, so weiterzugehen, entschieden uns dann aber doch fürs Füßewaschen.

Immerhin lag der Strand jetzt weit und störungsfrei vor uns. Die Kreidefelsen hatten ihre volle Höhe erreicht und ragten wieder ungefähr hundert Meter hinauf. Jedoch nicht als massive Wände, wie wir sie am südlichen Küstenabschnitt gesehen hatten, sondern als eine Vielzahl unterschiedlichst geformter Erosionsgebilde. Regenwasser und Frost hatten die Kreide in jahrelanger Arbeit zerfurcht und bröcklig werden lassen. Große Partien der Felswände waren zu Schuttkegeln in sich zusammengerutscht, nur die härtesten und widerstandsfähigsten Teile waren stehengeblieben. Teils ragten sie meterhoch als scharfe Zacken aus dem Schutt heraus, teils bildeten sie weitgespannte Überhänge, an deren Ränder sich gefährlich geneigte Bäume klammerten. Eigentlich hatten wir wieder nach Seeigeln und Donnerkeilen suchen wollen, doch der Anblick nahm uns so sehr gefangen, dass wir das glatt vergaßen. Immer wieder gab es etwas Neues zu entdecken. Hier war in einer

Felsspitze ein Loch, dort konnten wir durch ein freiliegendes Wurzelgeflecht den blauen Himmel sehen, obwohl der dazugehörige Baum noch immer grünte. Einfache graue Felsnasen wuchsen im Vorübergehen zu riesigen, bizarr geformten und weiß leuchtenden Zacken heran. Überhänge erwiesen sich im Näherkommen als so mächtig, dass wir uns fragten, wieso sie überhaupt noch da oben hingen. Andererseits mussten sie schon eine ganze Weile so halten, denn von dem Material, das einmal unter ihnen gewesen war, war weit und breit nichts zu sehen.

Mit einemmal kamen wir uns klein und unbedeutend vor. Millionen von Jahren waren seit der Entstehung der Kreide vergangen und obwohl wir wussten, dass sie nicht seitdem als diese imposanten Felsgebilde dagestanden hatte, wehte uns ein Hauch von Ewigkeit an. In all diesen Nasen, Zacken und Vorsprüngen war – an den Feuersteinbänken unschwer zu erkennen – die Ablagerungsgeschichte bis zum heutigen Tag erhalten geblieben und würde es wohl auch noch sein, wenn von uns schon längst keine Spur mehr existierte.

So wanderten wir, immer wieder von neuem staunend, am Strand entlang. Zwischendurch hoben wir den einen oder anderen Donnerkeil auf, der uns ins

Auge sprang. Vereinzelt kollerten wieder die Feuersteine in der Brandung, aber nicht so stark wie beim vorigen Mal. Die Sonne schien ungebremst vom wolkenlosen Himmel herab. Meer und Felsen flimmerten in dem intensiven Licht, und wieder drängte sich uns das Südseegefühl auf. Offensichtlich ging es nicht nur uns so, denn in einer Informationsbroschüre hatten wir inzwischen gelesen, dass die hiesigen Ostseeinseln wirklich als die dänische Südsee bezeichnet wurden. Was anderswo ein bloßer Werbegag gewesen wäre, schien hier einen tatsächlichen Hintergrund zu haben. Einmal fanden wir auch zwei faustgroße Kreidegerölle. Sie lagen angenehm in der Hand und erinnerten uns daran, dass dies das Material war, aus dem die Tafelkreide für die Schulen bestand. Auf einem großen Granitfindling probierten wir es aus: Es funktionierte wirklich; die Kreideeier hinterließen einen dicken weißen Strich. Ohne etwas Konkretes darstellen zu wollen, fügten wir noch ein paar weitere Striche und Schlangenlinien hinzu und freuten uns an unseren schöpferischen Fähigkeiten wie ein Kind, das zum ersten Mal einen Stift benutzt.
Plötzlich traten die uns rechterhand begleitenden Felsen weit zurück. Das sonst türkisblaue Meer ging

abrupt in undurchsichtiges Milchweiß über, und vor uns lag ein riesiger, bis ins Meer gestürzter Berg Kreide. Die Bruchflächen an der Felswand hinter ihm sahen noch frisch aus, und als wir halb um den Berg herumgegangen waren, sahen wir auf seinen Flanken kreuz und quer herabgestürzte Bäume liegen, die noch grünten. Beinahe fassungslos begannen wir zu erahnen, was geschehen war: Ein riesiges Stück Fels war in sich zusammengebrochen und das vor noch gar nicht allzu langer Zeit. Was vielleicht eine dieser mächtigen Zacken gewesen, die uns eben noch so ehern und unverrückbar erschienen waren, lag nun als wüster Haufen am Boden. Das Meer leckte beständig an ihm, und eines Tages würde es ihn restlos aufgeweicht und fortgetragen haben.

Wir versuchten uns vorzustellen, wie ein solcher Felszusammenbruch ablief. Es musste wohl ein gestaffeltes Weggleiten einzelner Felsschichten gewesen sein; die unteren zuerst, danach die oberen. Anders jedenfalls konnten wir uns nicht erklären, dass es einige Bäume tatsächlich geschafft hatten, den Absturz aufrecht zu überstehen und nun hundert Meter tiefer weiterzuwachsen, als wäre nichts geschehen. Selbst ganz vorn, bei den im Wasser liegenden und inzwischen abgestorbenen Bäumen, die

an Mangrovenwälder erinnerten und das Südseegefühl noch verstärkten, stand kerzengerade ein solcher. Vom Salzwasser getötet und vollständig kahl war er ein nahezu gespenstiges Zeugnis des durch den Absturz ausgelösten Verderbens.
Wir kletterten auf der rutschigen Kreide um den gesamten Berg herum. Als wir den Feuersteinstrand wieder erreicht und damit festeren Boden unter unseren Füßen hatten, schauten wir noch einmal zurück, doch noch immer konnten wir kaum begreifen, welch unglaubliche Zerstörung hier stattgefunden hatte.
Weitergehend erkannten wir in den Nasen und Buckeln des wieder neben uns aufragenden Kliffs mit einemmal die zukünftigen Felszacken. Immer schärfer würden sie aus der massiven Kreide herauswachsen, groß und spitz in den Himmel ragen und eines Tages vorankündigungslos in sich zusammenzustürzen, um Platz für neue Nasen und Buckel zu machen. Dieser Kreislauf würde sich wiederholen, bis irgendwann die gesamte Kreideküste im Meer, dem sie einst entstiegen, wieder versunken war.
Im Schatten einiger bis zum Strand herabreichender Büsche hielten wir Rast. Danach entschlossen wir uns zu einem kurzen Bad. Das Meer hatte an dieser

Stelle einige größere Findlingsblöcke an den Strand geworfen, und auch unter Wasser war der Boden mit Findlingen übersät. Lückenlos wie Pflastersteine lagen sie da, nur dass sie größer, runder und glitschiger als diese waren. Um nicht auszurutschen und uns die Füße in ihren Zwickeln zu brechen, mussten wir das erste Stück auf allen vieren durchs Wasser klettern. Als es dann tiefer und unsere Arme zu kurz wurden, gingen wir im Entengang weiter. Plötzlich machte dieser Untergrund, den wir gerade noch nur schnell hinter uns lassen wollten, Spaß. Das Wasser hielt uns aufrecht; die Beine, vom Gewicht befreit, fanden den nächsten Halt auf einmal von selbst. Schultertief im Wasser hockend glitten wir mit ausgebreiteten Armen immer weiter hinaus. Unsere Füße eilten von Stein zu Stein und genossen die glatten Rundungen, die mit einemmal wie geschaffen schienen, um darauf entlangzulaufen. Von Zeit zu Zeit blieben wir auch auf zweien von ihnen stehen und ließen uns von den leichten Wellen sanft schaukeln. Es war wie Schweben; wir fühlten uns leicht und frei.

Als wir später Sand unter unseren Füßen spürten, schwammen wir ein Stück hinaus und wandten uns um: von hier aus wirkten die Kreidefelsen noch hö-

her und imposanter. Weit in den Himmel ragend verdeckten sie den Blick auf alles, was dahinterlag. Es gab nur uns, das Meer und die Felsen. Im Wasser liegend genossen wir das Gefühl von Geborgenheit, das in uns aufstieg. Die Felsen beschirmten uns, nichts und niemand konnte uns hier etwas anhaben. Die eben erlebte Vergänglichkeit des Kliffs war bereits wieder vergessen.
Wir hätten noch lange so verweilen können, doch langsam kühlte das Wasser uns aus. Darum verließen wir es wieder und setzten unseren Weg fort. Anhand der Landkarte hatten wir beschlossen, am zweiten Aufgang den Strand zu verlassen. Einen Aufgang hatten wir schon passiert, also galt es, den nächsten zu finden. Nun doch noch nach Donnerkeilen suchend setzten wir uns in Bewegung. Als wir wenig später einmal aufschauten, hatten wir den Eindruck, dass die Sonne schon im Sinken begriffen war. War es wirklich schon so spät? Aber sicherlich täuschten wir uns. Weit war die Strecke auf der Karte nicht gewesen, und gar so langsam konnten wir auch nicht gelaufen sein.
Wir gingen weiter. Ein paar Küstenseeschwalben segelten neben uns her. Nach und nach füllten sich unsere Taschen mit Donnerkeilen aller Größen. Die

Kreideküste verlor ihre Wildheit und ging allmählich in die massive Felswand über, die wir von unserem ersten Ausflug kannten. Die Sonne verschwand hinter den Baumkronen des Küstenwaldes. Doch wo war der Aufgang? Der Karte nach hätte er längst da sein müssen, aber verirrt konnten wir uns ja nicht haben. Wir liefen und liefen, und begannen allmählich, ihn herbeizusehnen.

Da endlich entdeckten wir das braune Holzbohlengerippe. Zuerst noch ganz weit voraus, dann immer näher kommend. Plötzlich stutzten wir: diese Treppe kam uns doch bekannt vor! Konnte das wirklich sein? Dann wären wir ja fast doppelt so weit gegangen wie ursprünglich geplant! Als wir den Aufgang erreicht hatten, gab es keinen Zweifel mehr: es war tatsächlich die Treppe, die wir vor zwei Tagen herabgekommen waren. Irgendwo mussten wir einen Aufgang übersehen haben, dafür hatten wir uns im Sonnenstand wohl doch nicht getäuscht! Wir stiegen die zahllosen Stufen hinauf und standen bald darauf am Geozentrum. Hatte irgendetwas in uns bis jetzt immer noch gehofft, dass es doch nicht dieser Aufgang war, so sah es sich jetzt endgültig widerlegt.

Es war später Nachmittag und wir hatten noch einmal die gesamte Tagesstrecke vor uns! Aber hier oben lief es sich schneller, und außerdem gab es bestimmt viele schöne Aussichten auf das Kreidekliff. Dieser Gedanke erstickte die in uns aufkommende Mutlosigkeit augenblicklich. Kaum dass sich unsere Beine vom Fünfhundert-Stufen-Aufstieg erholt hatten, liefen wir los. Der Wald hier bestand wieder aus den jungen, schlanken Buchen, die wir schon von unserer ersten Wanderung kannten. Das tröstete uns zusätzlich, denn es gab uns eine weitere Orientierung: Die Bäume heute Morgen waren uralt und dickstämmig mit ausladenden Kronen gewesen; der Wald würde unterwegs also immer älter werden, so dass wir am Aussehen der Bäume erkennen würden, wie weit es in etwa noch war.

Es lief sich wirklich leicht an der Kliffkante. Dem hügeligen Gelände folgend ging es auf und ab, allerdings nie so, dass es unseren Lauf bremste. Wann immer die Bäume den Blick auf die Kreidefelsen freigaben, blieben wir jedoch von selbst stehen, jedes Mal von neuem fasziniert. Satt türkis und blau lag tief unten das Meer. Die Kreidefelsen leuchteten weiß in der tiefstehenden Sonne, auf ihren Flanken die Schattenbilder der Bäume oder benachbarter Felszacken. Die Zerbrechlichkeit der Küste war von hier oben fast noch deutlicher sichtbar als von unten.

Überall lagen herabgestürzte Bäume zwischen den Klippen. Tiefe Furchen, die wohl von nur im Frühjahr strömenden Schmelzwasserbächen stammten, durchzogen den Fels. Immer wieder entdeckten wir frische Bruchflächen und herumliegende Gesteinsbrocken, und so mancher Felszacke war anzusehen, dass ihre Tage bereits gezählt waren und sie als eine der nächsten in die Tiefe stürzen würde. An der Stelle des großen Abbruchs erwies sich sein Ausmaß als noch viel weitreichender als wir es von unten wahrgenommen hatten. Nicht nur ein oder zwei Zacken waren hier zusammengebrochen, nein, ein ganzes Stück Felswand war abgerutscht und hatte eine riesige Lücke in die ehemalige Kliffkante gerissen. Fast schauderte uns, als wir die in der Tiefe liegenden Gesteinsmassen nun in ihrer Gesamtheit erblickten.

Jede Biegung der Küstenlinie mitmachend zog sich unser Weg doch stärker in die Länge als wir vermutet hatten. Auch der Wald veränderte sich nicht in dem erwarteten Maße. Immer noch umgaben uns junge Buchen, von älteren Bäumen war nichts zu sehen. Umso erleichterter waren wir, als wir plötzlich einen Wegweiser zum Schloss Liselund entdeckten. Ihm folgend gelangten wir in den Schlosspark und

wenig später befanden wir uns auf dem Weg zurück zum Zeltplatz. Die blauen Blumen an der Straße waren wieder verschwunden, doch inzwischen wussten wir, dass sie sich bereits mittags schlossen und darum nur am Vormittag zu sehen waren.
Später saßen wir, schon längst auf den Zeltplatz zurückgekehrt, noch ein wenig draußen. Der Abend war warm und wolkenlos wie die Abende zuvor. Der Himmel spannte sich hoch über uns und war übersät mit Sternen. Auch die Milchstraße war zu erkennen. Es war der gleiche Himmel wie zu Hause, und er sah doch ganz anders aus. Während wir noch darüber staunten, schoss eine Sternschnuppe vorüber.
Alles schien wie immer, und doch beunruhigte uns etwas. Es war der kräftige Wind, der aufgekommen war, und der gar nicht recht zu dem sommertrunkenen Abend passen wollte. Bis jetzt brachte er nur die Erntegeräusche von den Feldern herüber, doch genau dies verstärkte unser Unbehagen. Warum wurde um diese Zeit noch gearbeitet? Was wussten die Bauern, was wir nicht wussten? Brachte der Wind etwa Regen mit?

Am nächsten Morgen sahen wir unsere schlimmsten Befürchtungen bestätigt. Der Wind peitschte dicke, graue Wolken über die Insel, aus denen es kräftig regnete. Schon fünf Minuten, die wir zu einer Kirche und einem Hünengrab unterwegs waren, reichten aus, um uns vollständig zu durchnässen. Die einzigen, die sich über dieses Wetter freuten, waren eine Schar Kiebitze, die in der feuchten Erde der abgeernteten Felder nach Nahrung suchten.

Zwei Tage später hatte sich das Wetter wieder beruhigt. Die kühlere Luft und der immer noch leicht wehende Wind verrieten uns, dass der Herbst Einzug gehalten hatte. Der Sommer war vorüber, doch die Sonne schien noch kräftig und warm. Da es unser letzter Tag auf der Insel war, blieb keine Zeit für einen größeren Ausflug. Stattdessen entschieden wir uns, einmal zu Fuß einem der Blumenstreifen zu folgen, die überall die Straßen säumten und uns immer wieder faszinierten.

Da es Vormittag war, waren die blauen Blumen geöffnet. Hell strahlten sie uns entgegen. Und plötzlich merkten wir, dass wir diese Blume kannten: es war Wegwarte. In freier Natur hatten wir sie bisher nur selten gesehen, umso vertrauter war sie uns jedoch aus einem Würfelspiel, das wir mit unseren Großeltern oft gespielt hatten. Hier stand sie nun in nicht enden wollender Menge rechts und links des Weges, wie es ihr Name verlangte. Doch nicht nur sie. Im Vorbeifahren waren uns die Blumenstreifen immer nur blau erschienen; aber jetzt sahen wir, dass sie in Wahrheit bunt waren: neben der Wegwarte gab es noch rote, weiße und gelbe Blüten. Begeistert entdeckten wir Hornklee, Rotklee, Hahnenfuß und Schafgarbe, Rainfarn, Wicke und Winde. Alles Blumen, die uns ebenfalls an besagtes Würfelspiel erinnerten. Wie hatten wir als Kinder immer gestaunt, was es früher alles für Blumen gegeben hatte; denn nur wenige von ihnen hatten wir schon einmal selbst gesehen. Hier nun hatten diese längst verloren geglaubten Sommerwiesen ein Refugium gefunden, ja, waren sogar, indem sie Radweg und Straße voneinander trennten, eingebunden in die Landschaften von heute. Vielleicht war dies ja nur zufällig geschehen, uns kam es jedoch so vor, als wären sie auf diese Weise vor dem endgültigen Verschwinden gerettet. Oder war es die Kindheitserinnerung, die gerettet worden war? Wie auch immer, die Farbenfreude des Blumenstreifens steckte uns an. Beschwingten Schrittes liefen wir gegen den Wind an; vorbei an den Feldern und Wiesen der Inselbauern. Wir fühlten uns unbeschwert wie selten und hätten noch lange so weiterlaufen wollen, doch genau da endete un-

ser Blumenstreifen an dem ersten Vorgartenrasen des Ortes.
Gegen Mittag waren wir am Strand. Das Abschiedsbad fiel kürzer aus als geplant, denn zu unserer Überraschung war auch das Wasser in den letzten zwei Tagen merklich kälter geworden. Stattdessen legten wir uns an den Dünen in den Sand und schlossen die Augen. Der Wind strich über uns hinweg, mal sanft und mild, mal böig und kühl, mal von hier und mal von da. Zunächst hatten wir das angenehme Gefühl, in der Luft zu schaukeln, bald jedoch wurde uns von den kräftigen Windstößen regelrecht schwindlig. Wir rissen die Augen wieder auf. Hoch über uns zogen große weiße Wolken gemächlich am blauen Himmel entlang, zwischen denen die Sonne genug Platz fand hindurchzuscheinen. Unter ihnen jagte der Wind die grauen Reste der Regenwolken der vergangenen Tage dahin. Es war, als würden die beiden Wetter, die wir auf der Insel erlebt hatten, gleichzeitig herrschen: droben der strahlende Sonnenschein, drunten der windige Dauerregen. Das schöne Wetter überwog, doch sobald sich einer der grauen Wolkenfetzen vor die Sonne schob, glaubten wir, den peitschenden Regen der letzten Tage wieder zu spüren.

Tatsächlich blieb es über uns jedoch trocken. Nur als wir einmal über das im Sonnenlicht türkis leuchtende Meer in Richtung Kreideküste blickten, sahen wir, wie sich dort vom Wind verwehte Regenfahnen hinabzogen. Der Anblick erinnerte uns an unseren ersten Tag bei den Felsen. Jetzt also regnete es dort wieder, während hier bei uns, obwohl nicht wirklich weit entfernt, die Sonne schien. Doch während wir noch darüber staunten, kam von hinten eine dunkle Wolke heran, die ihre Regenfracht unzweifelhaft früher verlieren würde, und vertrieb uns vom Strand.

Auch am nächsten Morgen hielt dieses widersprüchliche Wetter an. Wir packten im Sonnenschein unsere letzten Sachen zusammen, während von Westen her schon der nächste Schauer heranzog. Plötzlich erstrahlte vor der nahenden Wolkenwand ein Regenbogen. Kräftig rot, orange, gelb, grün, blau, indigo und violett spannte er sich von einem Ende des Zeltplatzes zum anderen und leuchtete trotzig gegen den dunklen Hintergrund, als wollte er das Unwetter für uns aufhalten. Kaum dass wir alles verstaut hatten, fielen die ersten Tropfen; als der Guss herniederging, fuhren wir auf der Brücke dem Festland entgegen.

Schiermonnikoog. Wo nur der Wandel stetig ist

M(42), R(38), M(11), A(9), D(8)

Mit schnellen Schritten strebten wir dem Hafengelände zu. Nach sieben Stunden Fahrt hatten wir das Auto im eigens dafür errichteten Langzeitparkhaus abgestellt, denn mitnehmen durften wir es nicht. Jetzt nur noch Fahrkarten kaufen, Fähre besteigen, hinüber zur Insel fahren, und dann konnte der Urlaub beginnen. Voll froher Erwartung wollten wir das Schaltergebäude betreten - und wurden jäh gestoppt - es war verschlossen! Verwirrt schauten wir uns um. Still und reglos lag der Hafen da. Kein Personal, keine anderen Fahrgäste. Durch die Fenster sahen wir jenseits des Gebäudes die Fähre liegen, doch auch hier rührte sich nichts. Die einzigen Lebewesen am Ort waren wir und die Möwen, die über uns kreisten. Langsam dämmerte uns, dass wir mehr als anderthalb Stunden vor Abfahrt einfach zu früh waren. Das immerwährende Vorwärts von sieben Stunden Autobahn pulsierte jedoch noch in uns und trieb uns weiter. Bloß nicht die kostbare Zeit vertrödeln, und flehentlich suchten wir etwas, womit wir unsere Reise voranbringen konnten.

Das einzige, was sich uns bot, war der Deich, der das Hafengelände umfasste. Wir erklommen ihn und schauten über das Meer. Knapp über der Wasserlinie erahnten wir am Horizont eine graue Reihe Baumkronen, und auch einen Leuchtturm meinten wir schemenhaft zu erkennen. War das etwa schon die Insel? Wir schlenderten hinüber zu der kleinen Schautafel mit Landkarte und sahen uns bestätigt: das musste unser Ziel, die westfriesische Wattenmeerinsel Schiermonnikoog, sein. Zum Greifen nah und dennoch über neunzig endlose Minuten entfernt. Zur Untätigkeit verurteilt, ließen wir uns auf einer der Bänke nieder und vertrieben uns die Zeit, indem wir die holländischen Beschilderungen zu enträtseln suchten. Ganz allmählich fiel die Eile der letzten Stunden von uns ab. Gleich dem geparkten Auto ließen wir nun auch die Betriebsamkeit des Festlandes zurück. Auf Inseln gingen die Uhren anders und offenbar streckte die von Schiermonnikoog bereits ihre Fühler nach uns aus. Schon nicht mehr hier und noch nicht dort hingen wir zwischen den Welten und fanden allmählich Gefallen daran.

Als der Fahrkartenschalter öffnete und der Zugang zur Fähre freigegeben wurde, hatten wir unser Zeitgefühl längst verloren. Wir stapelten unsere Rucksäcke und Taschen in einen der bereitgestellten Gepäckwagen und gingen an Bord. Die Nieselwolken am Himmel verhießen keine angenehme Überfahrt auf dem Oberdeck, und so suchten wir uns zunächst drinnen einen Platz. Erst später machten uns die auf einem Bildschirm angezeigten Streckenbilder neugierig. Die Fähre schien sich durch zahllose Inselchen zu schlängeln. Erwartungsvoll gingen wir nach oben, doch enttäuscht erblickten wir eine graue und wellenlose See. Die Inselchen waren nur Untiefen gewesen, die weit unter Wasser lagen und von oben nicht zu erkennen waren.

Ein Stück vor uns lag die Insel. Zunächst der Deich, dahinter die inzwischen auf volle Größe herangewachsenen Bäume, zwei unserer Meinung nach recht dicht beieinander stehende Leuchttürme und daneben der Fähranleger. Das Wasser reichte unmittelbar bis an den Deich heran. Also herrschte jetzt Flut, überlegten wir und versuchten damit zum ersten Mal, das Phänomen der Gezeiten zu erfassen, das wir bisher nur aus dem Lehrbuch kannten.

Wenig später standen wir, Rucksäcke und Taschen geschultert, im Fährhafen von Schiermonnikoog. Eine Reihe Busse, die uns in den gleichnamigen, einzigen Ort der Insel bringen würden, wartete schon auf uns. Es schien mehrere Linien zu geben, doch welche war die richtige, um zu unserer Ferienwohnung zu gelangen? Wir wussten es nicht und entschieden uns daher für eine, die ins Zentrum fuhr. An welchem Ende des Ortes unser Quartier auch liegen würde, vom Zentrum aus wäre der Fußweg in etwa der gleiche.

Gesagt, getan. Von der Fahrt selbst bekamen wir im Gedränge der Mitreisenden nicht viel mit, nur einmal erhaschten wir einen Blick auf die vorübergleitenden Felder, auf denen sich Scharen von Gänsen tummelten. Kurz darauf fanden wir uns im Ortskern von Schiermonnikoog wieder, unmittelbar neben den als Torbogen aufgestellten Unterkieferknochen eines Blauwals. Gemeinsam mit einigen historischen Daten auf einer Metalltafel erinnerte er an die Zeiten, in denen von der Insel aus Walfang betrieben wurde. Wir bestaunten ihn kurz, dann begannen wir die Suche nach unserer Ferienwohnung. Wir folgten der Straße in Fahrtrichtung und hielten Ausschau nach dem Straßennamen unserer Unterkunft. Der Ort bestand aus ockerfarbenen Klinkersteinhäusern mit typisch holländischen, fast bis auf den Erdboden herabgezogenen Dächern und großen Fenstern, durch die man ungehindert ins Innere des Hauses schauen konnte. Auch die Straßen waren, gerade einen Bus breit und exakt rechtwinklig zueinander angelegt, aus Klinkersteinen gepflastert. Es war wohl dieses allgegenwärtige Fugenmuster, das uns das Gefühl gab, in einem Spielzeugdorf aus Legosteinen zu sein; und nahezu grotesk erschien uns dagegen das Buslinennetz mit seinen unzähligen Haltestellen, das einer ganzen Stadt zur Ehre gereicht hätte. Wahrscheinlich war es jedoch nur so möglich, die Insel autofrei zu halten. Oder war es der Versuch, dem Spielzeugcharakter des Ortes entgegenzuwirken und ihm etwas mehr Gewicht zu verleihen?

Über diese Überlegungen fanden wir beinahe zufällig unser Quartier am Ende des Ortes; nicht weit entfernt von einer Pferdeweide, auf der tatsächlich ein feurig-elegantes schwarzes Friesenpferd stand.

Nachdem wir uns eingerichtet und die in Form von Fähr- und Busfahrkarten verbliebenen Verbindungen zum Festland in den hintersten Winkel verbannt hatten, brachen wir zu einem ersten Spaziergang auf. Ohne genaues Ziel liefen wir zunächst die Straße hinab, dann bogen wir in einen Seitenweg ein. Er brachte uns zu einem der Leuchttürme. Hinter dem Leuchtturm war der Ort schlagartig zu Ende, doch der Weg führte weiter und so folgten wir ihm. Da vernahmen wir ein hohles, heiseres Krächzen neben uns. Wir kannten diesen Laut gut, dennoch wollte uns nicht einfallen, zu welchem Vogel er gehörte, und sehen konnten wir den Rufer nicht. Als das Krächzen ganz in unserer Nähe erneut ertönte, blieben wir stehen und spähten in die am Wegrand stehenden, noch blattlosen Sträucher hinein - ohne Erfolg. Doch zwei, drei Rufe später zeigte er sich von selbst: gemessenen Schrittes kam ein Fasan aus dem Gebüsch heraus, überquerte ohne Eile den Pfad und entschwand kurz darauf unseren Blicken.

Der Weg führte uns in sandige Hügel hinein; auch sie mit verkrüppelten, an den Boden gedrückten Sträuchern bestanden. Ihre Zweige waren noch winterlich kahl, doch die dicken Knospen an ihnen, die im nächsten Sonnenschein aufgehen würden, kündeten bereits vom Frühling. Von allen Seiten vernahmen wir das Krächzen der Fasane, doch so oft wir auch die Büsche mit den Augen absuchten, sie blieben verborgen. Zudem wurde unser Blick immer wieder vom Auf und Ab der Hügel gefesselt, das uns auf seltsame Weise berührte. Kein Hügel glich dem anderen, sie standen kreuz und quer und alle waren unterschiedlich hoch. Dennoch ergaben sie genau so ein harmonisches Ganzes, nicht ein Hügel hätte anders sein dürfen. Auch als sie später in riesige Sandberge übergingen, blieb diese Harmonie erhalten. Für einen Moment fragten wir uns, ob hier ein begnadeter Landschaftsarchitekt am Werk gewesen war, doch verwarfen wir diesen Gedanken sofort wieder. Diese Formen konnte Menschenhand nicht geschaffen haben – hier musste die Natur selbst tätig gewesen sein. Nur wie, das verstanden wir nicht.

Als abermals ein Krächzen neben uns ertönte, versuchten wir noch einmal, den rufenden Fasan zu entdecken. Seinen Lauten folgend verließen wir den Weg und liefen in die Hügel hinein. Es dauerte nicht lange, da hatten wir ihn an einer lichten Stelle gefunden. Er hingegen bemerkte uns nicht; auch nicht, als wir ihm schon ganz nah waren. Jede einzelne Feder konnten wir erkennen, und staunend entdeckten wir die Pracht seines schillernden, braun geperlten Gefieders, das aus der Ferne so schlicht wirkte.

Um ihn nicht unnötig zu erschrecken, zogen wir uns bald zurück und stiegen einen der großen Sandberge hinan. Büsche und Sträucher blieben an seinem Fuß zurück, nur Gras bedeckte noch seine Flanken. Auch jenseits des Berges gab es lediglich Grashügel, zwischen denen an manchen Stellen sogar gänzlich un-

bedeckte Sandkuhlen lagen. Und wieder spürten wir die wohltuende Harmonie, die von ihnen ausging, und wieder fanden wir keine Erklärung dafür.
Nachdem wir noch mehrere solcher Hügel überquert hatten, standen wir unvermittelt auf dem letzten derselben. Vor uns lag das Meer, das heißt, genau genommen tat es eben dies gerade nicht. Unter uns lag – ja, was eigentlich? Der Strand? Der gerade trockenliegende Meeresboden? Erst weit draußen schimmerte die See, und hätte das rhythmische Rauschen, das von fern an unser Ohr drang, sie nicht verraten, hätten wir die Brandungslinie wohl nie entdeckt. Wir stiegen den Hügel hinab. Über einen schmalen Streifen Sand, den man als Strand hätte bezeichnen können, kamen wir auf morastigen Grund. Wir sanken nicht tief ein, doch der Boden wurde matschig. Kurze Halme von irgendetwas zwischen Schilf und Gras ragten wie abgebrochen aus ihm hervor, Wasserrinnen zogen sich in Richtung Meer; überall standen Pfützen und Wasserlachen, in deren einer sogar zwei Gänse schwammen.
War dies das Watt? Kam das Wasser bei Flut wirklich bis hierher? Wenn wir die abgebrochenen Halme betrachteten, erschien uns dies eher unwahrscheinlich – sie sahen doch mehr nach Land- als

nach Wasserpflanze aus. Doch woher rührte dann all das Wasser?

An einer prielähnlichen Wasserrinne entlang tasteten wir uns vorsichtig in das fremdartige Terrain hinein. Gleichzeitig fragten wir uns, ob wir das überhaupt durften. Wäre es nicht besser gewesen – unerfahren, wie wir waren – uns erst einmal über den Gezeitenrhythmus zu informieren? Wir wussten ja nicht einmal, ob gerade Ebbe oder Flut herrschte! Zu unserer Beruhigung entdeckten wir, dass das Wasser in der Rinne, obwohl nur wenige Millimeter flach, meerwärts floss, und auch die zahlreichen, viel weiter draußen befindlichen Spaziergänger ließen darauf schließen, dass die Flut uns nicht so schnell überraschen würde. Also liefen wir weiter. Wenig später umgab uns nur noch nackter, sandiger Schlamm. Jetzt gab es keinen Zweifel mehr: hier standen wir auf dem Meeresgrund. Ein etwas seltsamer Gedanke, denn vom Meer war weit und breit nichts mehr zu sehen. Wir hätten noch ein ganzes Stück gehen müssen, um die Wasserlinie zu erreichen, doch das wollten wir gar nicht – zumindest nicht heute. Stattdessen hielten wir uns nun parallel zum Strand, bis wir zu dem zweiten Leuchtturm kamen und wieder in den Ort zurückkehrten.

Am nächsten Vormittag versuchten wir, im Besucherzentrum der Nationalparkverwaltung die Tidenzeiten der nächsten Tage zu erfahren, doch wegen der Feiertage war das entsprechende Blatt noch nicht gedruckt. Wir würden es morgen beim Tourismusverband erhalten. Dafür gab es ein Informationsheft über die verschiedenen Inselbereiche und eine Wanderkarte. Derart ausgerüstet verließen wir das Besucherzentrum wieder. Wir schlugen den gleichen Weg ein wie am Abend zuvor und befanden uns wenig später erneut in den sträucherbestandenen Sandhügeln, die wir mittlerweile als Dünen erkannt hatten. Sofort waren die krächzenden Laute der Fasanen zu hören, doch diesmal gingen wir ihnen nicht nach. Bei der ersten sich bietenden Gelegenheit bogen wir vom Weg ab und liefen in die Dünen hinein. Augenblicklich ergriff uns die ihnen eigene Harmonie von neuem, gleichzeitig spürten wir beinahe schmerzhaft, dass wir ihr wahres Wesen immer noch nicht erkannten.

Wir folgten einem Trampelpfad, der durch die kniehohen Sträucher führte, als unser auf den Boden gerichteter Blick an weißen Knospenspitzen hängenblieb, die uns an Weidenkätzchen erinnerten. Verwundert begannen wir das Durcheinander der Zweige mit unseren Augen zu entwirren. Die Dornen und die dicken hellbraunen Knospen gehörten dem Sanddorn; die weißen Spitzen saßen dagegen an Zweigen ohne Dornen mit schlanken dunklen Knospen. Vorsichtig befühlten wir sie. Weicher Flaum bestätigte unsere Vermutung: es waren tatsächlich Wiedenkätzchen. Zaghaft lugten sie aus ihrer Umhüllung hervor, als könnte der Winter noch jederzeit wieder zurückkommen. Ehe wir uns darüber wundern konnten, dass auf diesem trockenen Sand Wieden wuchsen, entdeckten wir Moos auf dem Boden. Offensichtlich war es hier gar nicht so trocken, wie wir annahmen. Abermals mussten wir uns eingestehen, dass wir unsere Umgebung nicht wirklich verstanden. Barg sie etwa noch ein zweites Geheimnis? Oder gab es zwischen beiden Rätseln einen Zusammenhang?

Leicht verwirrt folgten wir den Lücken zwischen den Sträuchern und schlängelten uns durch die immer höher werdenden Dünen. Es dauerte nicht lange, da umgaben sie uns wie Berge. Weiden und Sanddorn wurden erst spärlicher, dann verschwanden sie ganz. Mit ihnen verschwand auch der letzte Rest eines vorgezeichneten Pfades; von nun an mussten wir unseren Weg im dünnen Gras selbst suchen. Wir erkoren die höchste Erhebung als neuen Orientierungspunkt und begannen hinanzusteigen. Obwohl es schon Vormittag war, lag noch ein Hauch Morgen über den Dünen, still und unberührt. Auf einer Kuppe stand leuchtendweiß mit braunem Brustband und grünem Kopf eine Brandgans. Unser Erscheinen störte sie nicht, obwohl sie aufmerksam zwischen die Hügel spähte und uns unmöglich nicht bemerkt haben konnte. In einer Senke entdeckten wir zwei weitere Tiere. Im Vertrauen auf die Wachsamkeit ihres Artgenossen weideten sie, ohne auch nur einmal aufzuschauen. Bedächtig und gleichmäßig bewegten sie sich Schritt für Schritt über die Wiese und rupften unsichtbare Hälmchen aus dem Boden. Was für ein friedvoller Anblick! Noch nie hatten wir Gänse so dem Land hingegeben gesehen. Fast erschraken wir, als wir wahrnahmen, wie verletzlich sie dabei waren. Es war einer jener wohlversteckten Momente, die die Tiere brauchten, um Nahrung und Kraft zu tanken für ihre Weiterreise in Luft und Wasser, und die sie nur in absolut verlässlicher Gemeinschaft wagen konnten. Einer passte auf, die anderen fraßen, und am nächsten Rastplatz wurde gewechselt. Hätte jeder für sich selbst sorgen müssen, sie wären verhungert. Tief berührt standen wir und schauten ihnen zu. Erst nach einer ganzen Weile entfernten wir uns behutsam und setzten unseren Weg fort.

Auf dem Dünengipfel angekommen erlebten wir die nächste Überraschung. Wir hatten erwartet, dass die Düne jenseits genauso abfiel, wie sie diesseits angestiegen war. Stattdessen schauten wir hinab in einen fast kreisrunden, nach der Meerseite hin offenen Krater, der so tief war, wie die Düne hoch. Eigentlich existierte von ihr nur noch der sichelförmige Rand, auf dem wir jetzt standen, der Rest war abgetragen. Als hätte sie jemand wegbaggern wollen, und doch wirkte sie nicht zerstört. Sie unterbrach nicht einmal die seltsame Stimmigkeit der Dünenlandschaft, sondern passte so, wie sie war, genau dazu.

Der steile Abhang forderte uns stumm heraus und wir gaben nach: Mit langen Sprüngen ließen wir uns in den Krater hinabfallen. Gemeinsam mit dem Sand unter unseren Füßen rutschten wir abwärts, bis er irgendwann stoppte und uns den nächsten Schritt abverlangte. Wir hatten Schwierigkeiten, das Gleichgewicht zu halten und fühlten uns doch federleicht. Unwillkürlich breiteten wir die Arme aus, als könnten wir fliegen. Unten angekommen, kehrten wir um und steigen den Hang wieder hinauf. Eins ums andere Mal warfen wir uns den Hang hinunter, und erst als wir uns bisher völlig unbekannte Muskelgruppen zu spüren begannen, zogen wir es vor, weiterzugehen.

Wir verließen die Düne und standen wenig später am Strand. Wie am Vortag lag er zunächst in Form einer schilfgrasigen Wiese mit Wasserlachen vor uns. Das Meer war abermals weit zurückgezogen und nicht zu sehen. Also wagten wir uns vorwärts, auch wenn wir immer noch nicht recht wussten, welche der Gezeiten gerade herrschte, und ob wir uns in irgendeine Gefahr begaben. Darauf bedacht, nicht auf dem schlammigen Untergrund auszurutschen, begannen wir, uns zwischen den Pfützen und Wasserlachen hindurchzuschlängeln. Wenn der dafür nötige Umweg gar zu groß wurde, übersprangen wir die eine oder andere auch, allerdings mit aller gebotenen Vorsicht. Im Gegensatz zu der Stelle vom Vortag erstreckte sich die Wiese hier wesentlich weiter vom Ufer weg. Viel deutlicher war ihr anzusehen, dass sie nicht überflutet wurde. Dennoch schien es einen Zusammenhang zwischen ihr und dem Meer zu geben, den wir nur wieder einmal nicht verstanden.

Nach einer Weile erreichten wir den nackten, sandigen Schlamm, der zweifelsfrei Meeresboden war. Nur wenig von uns entfernt erblickten wir eine große Schar grauschwarzer Gänse. Alle in die gleiche Richtung gewandt und mit gesenkten Köpfen suchten sie den Schlick Schritt um Schritt nach Fressbarem ab. Sie ähnelten den Gänsen, die wir bei unserer Ankunft auf den Feldern gesehen hatten; gleichzeitig waren wir fast sicher, dass es andere waren.

Abermals standen wir vor der Frage, wie weit wir eigentlich gehen durften. Wann kam die Flut? Wie schnell kam sie? Würden wir sie rechtzeitig bemerken, und wie hoch stand dann hier das Wasser? Nichts davon wussten wir. Etwas verunsichert standen wir in dieser Welt, deren Zusammenhänge wir nicht durchschauten, und fühlten uns fremd. Es blieb uns erneut nichts Anderes übrig, als den zahlreichen, viel weiter vorn befindlichen Strandspaziergängern zu vertrauen. Außerdem trieb uns die Neugier. Wir wandten uns also nicht nach links oder rechts, sondern liefen weiter gen Meer hinaus. Je weiter wir kamen, desto feuchter wurde der Schlamm, bis er zuletzt regelrecht speckig glänzte. War das nun richtig das Watt oder nur ein trocken-

gefallener Strand? Den Blick auf den Boden geheftet, suchten wir eine Antwort auf diese Frage. Wir fanden jedoch nur Muscheln und das überaus deutliche Muster unzähliger Abdrücke von Vogelfüßen.
Eine größere Wasserlache stoppte uns. Wir verzichteten darauf, sie zu umgehen, denn so weit vor wollten wir uns nun doch nicht wagen. Also hielten wir uns von jetzt an parallel zum Strand. Muscheln und Vogelspuren begleiteten uns weiter, und von Zeit zu Zeit hoben wir eine der Schalen auf. Meist waren es Herzmuscheln, die wir auch von der Ostsee kannten und die uns mit ihrer rundlichen Form und der welligen Riffelung am besten gefielen. Nur staunten wir, wie groß sie hier waren, und in welcher Farbenvielfalt es sie gab. So fanden wir neben weißen auch gelbe, braune oder graue Exemplare und manche waren bunt gestreift. Vergeblich suchten wir dagegen die blauschwarzen Schneckenhäuser, die wir in den Vorgärten gesehen hatten, und Austernschalen. Gab es sie vielleicht nur auf der anderen Seite der Insel?
Lange dachten wir jedoch nicht darüber nach, denn etwas Anderes lenkte uns ab. Ohne dass wir es recht gemerkt hatten, hatte sich der Boden zu unseren Füßen verändert. Er bestand nun aus einer Mischung

von Schlick, Sand und halbvermoderten, schachtelhalmähnlichen Pflanzenbüscheln. Zwischen den Büscheln lagen halb zusammengerollte, schlammverkrustete Fetzen, die uns an Stoffreste erinnerten. Je weiter wir gingen, um so mehr erblickten wir davon. Schon wollten wir uns über diese Verschmutzung ärgern, da erkannten wir, dass es sich gar nicht um Tuchfetzen handelte. Stattdessen war es Schlamm, den die Reste der schachtelhalmartigen Pflanzen derart verfilzt hatten, dass er sich nun von seinesgleichen löste und von Wasser und Wind in Streifen umschlagen und aufrollen ließ wie ein verschlissener Teppich. Ein recht eigenartiger Versuch, dem ständig wogenden Meer Material zu entziehen, aber sichtlich erfolgreich. Uns umschauend stellten wir fest, dass wir uns viel weiter weg vom eigentlichen Ufer befanden, als es der Sandanteil im Boden erwarten ließ. Um uns herum erstreckte sich ein sandbankähnliches Gebilde, dessen Ende wir kaum erblicken konnten und das, obwohl an derjenigen Seite der Insel gelegen, wo Wetter und Strömung anprallten, eher zu wachsen als zu schrumpfen schien.

Wir hatten diesen Gedanken eben zu Ende gedacht, da bekamen wir die Wetterseite auch schon zu spüren. Ohne Vorwarnung schlug uns plötzlich eine unangenehm kalte Brise entgegen. Sie ließ uns rasch frösteln, und so wandten wir uns vom Meer weg der Insel zu. Kaum dass wir uns wieder in den Dünen befanden, war von dem Wind nichts mehr zu spüren. Wir ließen uns auf einem der Sandhügel nieder und hielten Rast. Etwas erhöht sitzend konnten wir nun weit draußen die anbrandenden Wellen sehen, die wir bisher nur gehört hatten. Wir versuchten, uns vorzustellen, wie die vor uns liegende Fläche bei Flut von Wasser bedeckt war, doch es gelang uns nicht.

Nach einer ausgiebigen Pause wanderten wir durch die Dünen weiter landeinwärts. Wir waren noch nicht lange gegangen, da erreichten wir einen der muschelgepflasterten Fahrradwege, die das Dünengebiet durchzogen. Dahinter lag eine flache Mulde. Durch das kurze Gras auf ihrem Boden pausten sich sanfte Hügel hindurch, und auch sie erschienen uns regellos und stimmig zugleich. Stärker noch als in den Dünen nahm uns ihre Ausstrahlung gefangen. Minutenlang schauten wir gebannt auf die Wiese, obwohl sich auf ihr nicht einmal die Grashalme bewegten. Die Harmonie der Hügel wirkte seltsam beruhigend auf uns. Gern wären wir in die Mulde hineingegangen, doch ein Weidezaun versperrte uns den Zugang. So folgten wir dem Fahrradweg. Immer wieder verfing sich unser Blick in dem welligen Grün, und wir hatten Mühe, ihn davon loszureißen. Im Weitergehen sahen wir, wie die Mulde sich mehr und mehr öffnete. Weidenbüsche begannen die Wiese zu erobern, erst vereinzelt, dann ein immer dichteres Gestrüpp bildend, bis plötzlich ein See an ihrer Stelle lag. Die Weidenbüsche bildeten nun größere Flecken, die aus dem Wasser ragten und das Hügelmuster ohne den geringsten Bruch in den See fortzeichneten. Was hatte es nur mit diesem Muster auf sich, dass es in so verschiedenen Formen immer wieder auftrat? Als der See tiefer wurde, verschwanden die Weidenflecken, und bald entzog ein dichter Schilfgürtel die Wasserfläche unseren Blicken. Wenig später kamen wir über einen Holzplankensteg zu einer kleinen Vogelbeobachtungsplattform. Von hier aus konnten wir wieder auf den See hinausblicken. Verschiedene Enten tummelten sich auf dem Wasser. Die einen mit silbernen Flügeln und samtbraunen Köpfen, die anderen in elegantem Schwarzweiß. Im Gegensatz zu heute Morgen war es der vertraute Anblick: Nahrung suchend und Gefieder putzend schwammen sie umher, flink und gewandt in dem Element, das ihr zu Hause war. Bevor wir gingen, betrachteten wir der Vollständigkeit halber noch die Bilder auf der Informationstafel und stellten fest, dass wir uns in den grauen Gänsen nicht getäuscht hatten: es gab sowohl Ringelgänse, die in den Dünen lebten, und Weißwangengänse, die die Felder auf der anderen Seite der Insel bevorzugten.

Zurück auf dem Weg verschwand der See wieder hinter dem ihn umgebenden Schilfgürtel. Aus diesem ließ sich ab und zu ein Pfeifen oder Schnattern vernehmen, doch wenn wir daraufhin in das Schilf hineinspähten, waren da nur die langen gelben Halme.

Seit Beginn unserer Wanderung hatten wir noch nicht wieder in die Karte gesehen, daher wussten wir nicht genau, an welcher Stelle der Insel wir uns befanden. Umso überraschter waren wir, als die Dünen zu unserer Rechten plötzlich endeten, und wir den nach dem Festland gelegenen Deich vor uns sahen. Offenbar hatten wir das Westende der Insel hinter uns gelassen, ohne es recht zu merken. Neugierig liefen wir nach vorn. Sofort waren auf den Wiesen die grauschwarzen Gänse wieder da, und nun sahen wir den Unterschied deutlich: diese hier hatten weiße Gesichter, während die Tiere vom Vormittag komplett schwarze Köpfe gehabt hatten.

Wir überquerten den Deich und gelangten ans binnenseitige Ufer, das gerade nur aus einem schmalen Streifen aus Steinen und Muscheln bestand. Die vermissten Austern und Schneckenhäuser fielen uns wieder ein und abermals hatten wir richtig vermutet: auf dieser Seite gab es sie. Zumeist nur als Bruchstücke, doch mit etwas Geduld fanden wir auch ein paar unversehrte Exemplare. Der kalte Wind, der hier noch schärfer wehte als auf der seltsamen Sandbank, verleidete uns die Suche jedoch rasch. Bei der nächsten sich bietenden Gelegenheit querten wir daher den Deich erneut und kehrten über die Felder in den Ort zurück.

Am nächsten Morgen holten wir uns beim Tourismusverband den aktuellen Tidenplan. Endlich hatten wir einen Anhaltspunkt in dem so unbekannten Wechsel der Gezeiten, und das beruhigte uns. Bei einer in der Nähe gelegenen Ausleihstation mieteten wir Fahrräder und verließen den Ort in Richtung Inselinneres. Die Straße führte an Feldern und Weiden vorbei, auf denen wieder Scharen von Gänsen grasten und sich selbst von den umherspringenden Lämmern nicht verschrecken ließen. Kalter Wind blies uns entgegen, doch wir zogen nur unsere Kapuzen fester und fuhren weiter.

Es dauerte nicht lange, da endete hinter ein paar Wirtschaftsgebäuden die menschliche Einflusssphäre. Anstelle der Felder erstreckten sich nun mit vergilbtem Vorjahresgras bestandene Marschen vor uns, die kein noch so ferner Deich begrenzte. Flach und eben lagen sie da und luden ein, ihr jenseitiges Ende zu suchen. Nur zu gern nahmen wir diese Einladung an und radelten voller Neugier in das Grasland hinein. Zunächst lehnte sich unser Weg linkerhand noch an einen sträucherbestandenen Geländewall an, doch schon bald trat dieser zurück und entließ uns vollends in die Ebene.

Locker und leicht rollten unsere Räder dahin. Der kalte Wind aus den Feldern hatte sich hier schon gelegt; die Sonne schien warm auf uns herab. Von Zeit zu Zeit trafen wir auf Wege, die den unseren kreuzten, und wählten jeweils denjenigen, der uns am weitesten in die Insel hineinführte. Ein schmaler Holzsteg führte uns über einen breiten Wasserlauf, der unvermittelt das Grasland durchzog. Im Vorüberfahren sahen wir das Wasser in ihm langsam dahinströmen und fragten uns einen Moment lang, wie auf der Insel ein solch großer Fluss entstehen konnte, doch dann erkannten wir, dass es sich um ein Fleet handelte. An seinem anderen Ufer erstreckte sich ein weiterer Geländewall, und wir schickten uns gerade an, das Marschland an seinem Fuß entlang weiter zu durchmessen, als unser Weg jäh an einem unmissverständlichen Fahrradparkplatz endete. In unserer Karte waren zwar noch weiterführende Pfade eingezeichnet, doch offensichtlich durften diese nicht befahren werden. Wir stellten also die Räder ab und setzten den Weg zu Fuß fort. Wir stiegen den Wall hinan und auf der anderen Seite gleich wieder hinab. Er schien eine Düne zu sein, denn zum einen liefen wir auf Sand und zum anderen wuchsen auch hier die schon vertrauten Weiden- und Sanddornbüsche, allerdings in ihrer üblichen, übermannshohen Größe. Schon wieder standen wir vor einem Rätsel: wie kam eine einzelne Düne hierher und wieso war sie so langgestreckt?

Jenseits des Walles waren wir mit dem Marschland allein. Soweit das Auge reichte, nichts als eine endlose Ebene aus gelbem Gras. Lediglich fern am Horizont erkannten wir den nächsten graubraunen Dünenrücken und dahinter einen helleren, der wohl unbewachsen war. Vielleicht eine Wanderdüne? Diese Vorstellung lockte uns, und so beschlossen wir, die ganze Ebene bis zu ihr zu durchwandern.

Einem Trampelpfad folgend, der in die richtige Richtung führte, kamen wir das erste Stück gut voran. Dann jedoch wurde es zunehmend schwieriger, den Pfad im Gewirr der langen, vom vergangenen Winter an den Boden gedrückten Grashalme ausfindig zu machen. Immer öfter mussten wir einen Bogen um morastige Stellen schlagen und kamen von unserer eigentlichen Richtung ab. Häufig scheuchten wir dabei Enten und Gänse auf, die sich in dem Gras versteckt hielten. Das tat uns sehr leid, denn wir wussten, dass sie ihre Ruhe brauchten oder sich gar schon auf die Brut vorbereiteten. Schließlich und endlich standen wir vor einem in die Wiese eingebetteten See, den zu umlaufen beim besten Willen nicht möglich war. Schon strebten die ersten Vögel, die auf ihm schwammen, eilig von uns weg und bestimmt waren noch viele rings um ihn im Gras verborgen. Hier ging es nicht weiter. So sehr der helle Dünenrücken auch unsere Neugier reizte, uns blieb nichts anderes übrig als umzukehren.

Unser Ausflug zum Ostende der Insel war damit früher zu Ende als geplant. An dem Wasserlauf entlang radelten wir wieder westwärts. Die Sonne stand hoch, und der Himmel spiegelte sich im Wasser. Als blaues Band begleitete uns das Fleet durch die

Marsch, bis es sich an einer Wegbiegung in der Ferne verlor. Das Gelb neben uns blieb, und erst, als der Boden morastiger wurde, merkten wir, dass das Gras inzwischen gleichfarbigem Schilf gewichen war. Bald blinkte schwarzes Wasser rechts und links des Weges hervor, und wenig später umgab uns ein sumpfiger Birkenwald. Dass es wirklich Birken waren, war am beginnenden Schwarzweiß ihrer Stämme unschwer zu erkennen, und doch glichen sie eher Sträuchern als Bäumen. Um nicht zu versinken, hatten sich ihre Stämme mehrfach geteilt und reckten sich nun wie Krakenarme nach oben, als könnten sie so dem Abwärtssog entrinnen, der umso stärker wurde, je weiter sie wuchsen. Durch die noch kahlen Zweige hindurch konnten wir tief in den Wald hineinschauen. Überall die gleichen, meist fünfarmigen Birkensträucher und je länger wir schauten, desto mehr verlor sich unser Blick in dieser ständigen Wiederholung wie in einem in sich verspiegelten Raum, aus dem herauszufinden unmöglich war. Obwohl wir sicher auf dem Weg standen, wurde uns etwas beklommen zumute.

An einer Kreuzung endete der Sumpfwald schlagartig, an seine Stelle trat ein weiterer Fahrradparkplatz. Die hohe Düne hinter ihm verriet uns die

Nähe des Meeres, doch wir entschieden uns zunächst für eine Rast. Auf einem Fleckchen Wiese breiteten wir unsere Jacken aus und ließen uns nieder. Wir froren nicht, und plötzlich wurde uns bewusst, wie seltsam das war. Kein junges Grün ragte durch die Vorjahreshalme, die noch flach am Boden lagen, als wäre die Schneelast eben erst von ihnen gewichen. Auch die Sträucher um uns herum, die nicht einmal ansatzweise Blätter trugen, schienen noch im Winter zu verharren. Und doch atmete diese Mittagsstunde einen Hauch von Frühling, ja fast schon Sommer. Still saßen wir in der warmen Sonne, und unsere innere Uhr setzte aus. Die Zeit gerann zu einem einzigen Moment, der das ganze Jahr in sich trug. Ein Fasan stolzierte nah an uns vorüber, als wären wir gar nicht da. Vielleicht waren wir es auch wirklich nicht, denn er lebte in jener anderen Welt, in der die Zeit von Bedeutung war und ihn hieß, eben jetzt von hier nach da zu gehen. Wir sahen ihm nach, bis er hinter einem Hügel verschwand, und blieben doch in unserem Moment gefangen.

Erst viel später erinnerten wir uns daran, dass wir noch weiterwollten. Immer noch ohne Eile beendeten wir unsere Rast und brachen auf. Unsere Karte verhieß einen weiteren Weg, der bis zu den fernen Dünen im Osten reichen würde, und den wollten wir finden. Wir ließen die Fahrräder auf dem Parkplatz stehen und machten uns auf die Suche. Der Abzweig war schnell gefunden und wenig später liefen wir am Rande des Marschlandes dem hellen Dünenrücken entgegen. Schnurgerade führte der Weg am Fuße eines Dünenwalls entlang. Es lief sich leicht, und voller Zuversicht schritten wir kräftig aus. Im Vorbeigehen entdeckten wir ein Rotkehlchen in den Büschen des Dünenwalls und etwas später ein Nest von wimmelnden Ameisen einer Größe, wie wir sie noch nie gesehen hatten.

Nachdem wir eine ganze Weile gegangen waren, wurden wir jedoch stutzig. Der Dünenrücken war noch kein bisschen näher gekommen. Waren wir wirklich so langsam? Verunsichert wandten wir uns nach dem Birkenwäldchen um. Es lag ein gutes Stück hinter uns. Also waren wir doch vorangekommen. Erleichtert liefen wir weiter, aber schon bald erwachten die Zweifel erneut. Der Dünenrücken blieb fern. Auch das Marschland veränderte sich in keinster Weise; als würden wir auf der Stelle treten. Irgendwann sahen wir die Düne vom Vormittag inmitten der Grasebene liegen, und in diesem

Augenblick wurde der Verdacht zur Gewissheit: die Entfernungen in dieser abwechslungslosen Landschaft lösten sich auf, die helle Düne war viel weiter weg als wir gedacht hatten. Die Aussicht, stundenlang weiterlaufen zu müssen, erschien uns wenig verlockend, zumal die noch ungewohnte Sonne uns beinahe zu warm wurde. Als sich ein Trampelpfad zwischen den Sträuchern abzeichnete, bogen wir daher ab, dem noch immer verdeckten Meer entgegen.

Dichter Sanddorn säumte den Weg. Hier schien schon lange niemand mehr entlanggegangen zu sein, denn die Zweige mit den dicken, kurz vor dem Aufspringen stehenden Knospen hingen weit über und ihre Dornen ritzten uns die Hände. Je weiter wir kamen, desto näher traten die Büsche zusammen; gerade noch so blieb der Pfad zwischen ihnen erkennbar. Entgegen unserer Erwartung mussten wir nicht nur einen Dünenwall überwinden sondern mehrere, doch von keinem aus konnten wir das Meer sehen. Umso überraschter waren wir, als plötzlich der Strand unter uns lag. Vor Staunen vergaßen wir fast, weiterzugehen –derartig hatten wir noch keinen gesehen! So breit wie andere Strände lang war er nicht nur ein Streifen, der das Meer begrenzte, sondern eine weite Fläche, die selbst nach Begrenzung suchte. Wohin wir auch schauten, in alle Richtungen weißgelber Sand; und erst ganz hinten kam das Meer. Ein Bild bunten Gewimmels aus Strandkörben und Badegästen huschte vor unserem inneren Auge vorüber, doch im selben Moment spürten wir, wieviel schöner der Strand war, wie er jetzt vor uns lag – einsam und unberührt.

Zaghaft liefen wir in ihn hinein. Kaum vorstellbar, dass es möglich sein sollte, diese Weite zu durchschreiten und das Meer zu erreichen. Und wenn doch, durften wir es dann auch? Doch der Strand wehrte uns nicht. Im Gegenteil, er nahm uns auf, ohne seine gewaltigen Dimensionen zu verlieren. Erleichtert und immer wieder von neuem staunend genossen wir es, so klein und unbedeutend zu sein, dass wir ihn gar nicht verletzen konnten.

Vorn am Wasser angekommen blieben wir stehen. Kleine Wellen schwappten heran, insgesamt war das Meer jedoch ruhig. Laut unserer Gezeitenzeitung herrschte Flut. Ob man dies merken würde? Wir traten bis auf zwei, drei Schritte an die von den Wellen in den Sand gezeichnete Linie heran und warteten. Fünf Minuten später umspielten die Wellen unsere Füße. Wir wiederholten das Ganze. Abermals dauerte es fünf Minuten, dann hatte das Wasser uns einge-

holt. Wir traten noch weiter zurück, vergrößerten den Abstand zwischen uns und der Wellenlinie. Diesmal vergingen zehn Minuten, doch auch dann war das Wasser bis zu uns vorgedrungen. Es kam also wirklich, die Gezeiten existierten tatsächlich. Natürlich hatten wir nie ernsthaft daran gezweifelt, doch es so unmittelbar zu sehen und zu fühlen, war doch etwas Anderes. Und irgendwo in uns gab es eine kleine unvernünftige Ecke, die erst jetzt endgültig überzeugt zu sein schien.
Wir beschlossen, am Strand entlang zu unseren Rädern zurückzukehren. Den entsprechenden Dünenübergang konnten wir nicht verfehlen, er war deutlich genug durch das dortige Restaurant gekennzeichnet. Obwohl es auch hier keinerlei Schatten gab, lief es sich angenehmer als vorhin, denn uns wehte ein leichter Wind entgegen. Von Zeit zu Zeit brachte er ein wenig vom feinen Sand des Strandes mit, so wenig, dass er eigentlich erst dann sichtbar wurde, wenn er als weißer Glitzerstaub im festen, feuchtdunklen Sand an der Wasserkante niederfiel. Sternenstaub hatte der Reiseführer diese Erscheinung genannt. Tatsächlich hatte es etwas Unirdisches an sich, diese durchscheinenden, knapp über dem Boden fliegenden Wölkchen auf sich zukom-

men zu sehen, den Moment, in dem man in ihnen stand, zu wissen und doch nicht zu spüren und sie – wenn man sich schnell genug umwandte - hinter sich als noch für einen kurzen Augenblick sichtbare Spur wiederzuentdecken, bevor sie im feuchten Sand aufgingen und verschwanden. Wann immer wir ein solches Wölkchen erblickten, versuchten wir, ihm mit den Augen zu folgen, bis es verlosch, auch wenn wir durch das ständige Umwenden nicht recht vorwärtskamen.

Bald jedoch hörten die Wölkchen von selbst auf, und wenig später bemerkten wir zum einen, dass wir den Aufgang zu unseren Fahrrädern fast erreicht hatten und zum anderen, dass der Strand sich zu verändern begann. Aus der bisher gleichmäßig ebenen Fläche erhoben sich zaghaft kleine Häufchen. Zunächst nur wenige, jenseits des Aufganges unzählig viele. Neugierig geworden verließen wir die Wasserkante und wollten ihnen entgegenlaufen, als unsere den weichen, nachgebenden Sand gewohnten Füße von hartem Untergrund gestaucht wurden. Verblüfft blieben wir stehen und schauten hinab. Wir standen immer noch auf Sand, doch dieser hier war zu plattigen Schollen verfestigt, die noch unnachgiebiger waren als der feuchte Sand am Wasser. Helle und dunkle

Sandkörner hatten sich auf ihnen zu konzentrischen Mustern geordnet, die der Maserung von längs geschnittenem Holz ähnelten. Ausgehend von einem meist dunklen Kern, dessen Form die innersten Ringe noch nachbildeten, nahmen die äußeren mehr und mehr die Gestalt der gesamten Scholle an. Wie die Jahresringe eines Baumes zeichneten sie deren Wachstumsgeschichte nach, nur dass uns hier das Zeitmaß fehlte. Darauf bedacht, diese wundersamen Gebilde nicht zu zertreten, gingen wir zwischen ihnen weiter. Manche der Schollen waren kaum einen Fuß breit, andere bildeten eine Fläche, auf der bequem mehrere Personen Platz gefunden hätten. Manche von ihnen waren von Anfang an ihrer letztendlichen Form entgegengestrebt, andere hatten sie mehrfach gewechselt. Und doch waren all die entstandenen Hell-Dunkel-Muster auf eine Weise harmonisch, die anders war als die Harmonie der Dünen und die uns dennoch genau daran erinnerte. Dass diese Schönheit allein dem Naturgesetz der Schwerkraft zu verdanken sein sollte, erschien uns unglaublich; gleichzeitig wussten wir, dass es genau so war.

Leider verschwanden die Schollen ebenso plötzlich, wie sie aufgetreten waren. Der weiche Sand hatte uns wieder, und wenig später erreichten wir die winzigen, kaum kniehohen Häufchen. Locker und leicht waren sie aufgeworfen. Unverkennbar war hier der Wind der Baumeister gewesen: wir standen vor einem Feld kleiner, gerade erst im Entstehen begriffener Wanderdünen. Als sanft geschwungenes Auf und Ab lagen sie kreuz und quer vor uns wie hingewirbelt. Zunächst standen wir nur staunend und seltsam berührt da, dann ließen wir uns von ihrer Beschwingtheit anstecken und schlenderten, 'mal hierhin, 'mal dorthin, in dem Dünenfeld umher. Ein unbeteiligter Beobachter hätte meinen können, wir suchten etwas, doch das stimmte nicht. Im Gegenteil, so wunschlos glücklich wie zwischen all diesen Dünen und Dünchen hatten wir uns lange nicht gefühlt. Es zog uns zu jeder einzelnen von ihnen hin, und mit immer wieder neuer Freude entdeckten wir, dass bei aller Ähnlichkeit doch jede ein Unikat war. Die meisten der jungen Dünen waren unbewachsen, aus manchen ragten jedoch auch Büschel von Strandhafer. An einige hatte der Wind scharfe Kanten geschliffen, auf die Flanken anderer mit Hilfe sich wiegender Halme Halbkreismuster gezeichnet, die kein Zirkel exakter hätte ziehen können. Momentaufnahmen einer bewegten Landschaft, denn auch wenn wir kein einziges Körnchen wirklich

dabei beobachten konnten, schienen all diese Dünen und Dünchen nur ein Bestreben zu kennen: weiterzurieseln. Schon morgen würden sie ein Stück fortgerückt sein, ihre Gestalt verändert haben und neue Muster auf ihren Flanken tragen.
Rein zufällig entdeckten wir zwischen den Dünen die größere freie Stelle mit dem dunklen, feucht aussehenden Sand. Wir liefen hin, konnten aber zunächst außer dem veränderten Farbton keinen Unterschied entdecken. Doch während wir standen und schauten, wurde der Boden unter unseren Füßen weich. Wasser drang aus dem Sand empor und verwandelte ihn in eine breiige Masse. Statt zu verklumpen, wie wir es von nassem Sand kannten, behielt er jedoch seine rieselig glatte Oberfläche und zitterte wie Wackelpudding, wenn wir ihn mit unseren Fußspitzen antippten. Einen Abdruck in dieser Masse zu hinterlassen, war unmöglich; sofort floss sie wieder zu einer gleichmäßigen Fläche zusammen. Verblüfft traten wir ein paar Schritte zur Seite und warteten erneut. Es geschah das gleiche: der Sand unter uns wurde breiig, Wasser drang auf und unsere Füße sanken ein. Gingen wir weiter, hinterließen wir eine Pfütze, die langsam wieder verschwand. Dem aufsteigenden Wasser gleich drang

die Erkenntnis in unser Bewusstsein: Wir standen in Treibsand! Sofort fiel uns ein, was wir schon alles über die mit ihm verbundenen Gefahren gelesen hatten. Auch hier auf der Insel sollte es Stellen geben, die man seinetwegen besser nicht betrat. Daher hätten wir es nie für möglich gehalten, ihm in so harmloser Form zu begegnen, und umso mehr faszinierte er uns nun. Wieder und wieder probierten wir es aus: zur Seite treten, warten, bis das Wasser aufdrang, ein wenig einsinken, dann einen Fuß herausziehen und den Brei mit den Zehen anstupsen, dass er zitterte. Wie Kinder der Magie des Matsches erlegen, schufen wir immer neue Pfützen, bis sie zu einem kleinen See zusammenflossen. Erst dann verließen wir die freie Stelle und kehrten in den trockenen Sand zurück. Als wir uns noch einmal umschauten, stellten wir erstaunt fest, dass der Bereich des dunklen Sandes wesentlich größer geworden war. Wie das? Unser Umhergetapse konnte dies nicht bewirkt haben. Unabhängig von uns musste Wasser von unten aufdringen, und im nächsten Moment wussten wir auch, woher es kam: es war Grundwasser, das durch die nahende Flut emporgepresst wurde. Warum ausgerechnet dieser Gedanke zum Schlüssel für die unbeantworteten Fragen der Vortage wurde, lässt sich nicht sagen. Doch plötzlich wussten wir: es war Grundwasser, das die Wasserlachen in der schilfgrasigen Wiese gebildet hatte, und es war Grundwasser, das Moos und Weiden auf dem Sandboden wachsen ließ. In den regellosen Dünen, dem sichelförmigen Kraterrand und der welligen Wiese am See erkannten wir auf einmal Werke des wehenden Windes. Auch sie waren einmal Wanderdünen gewesen, die nun – festgesetzt vom zunehmenden Bewuchs – als Denkmal ihrer selbst verharrten. Ihre Beschwingtheit hatten sie verloren, doch die Harmonie der dahinterstehenden Bewegung war geblieben. Selbst die langgestreckte Düne von heute Vormittag und die anderen Geländewälle gehörten dazu, nur hatten sie es sehr weit in die Marschen hinein geschafft, bevor sie dann doch steckengeblieben waren. Und genauso war es der Wind gewesen, der die Sandkörner am Strand zu den hell-dunkel gemusterten Schollen sortiert und den Sand hinter dem Dünenaufgang so tief ausgeblasen hatte, dass der Birkensumpf entstanden war. Zum ersten Mal hatten wir das Gefühl, die Insel zu verstehen. Gleichzeitig drängte es uns plötzlich, das Dünenfeld zu verlassen, als würden wir eine Indiskretion begehen, wenn wir noch blieben.

Wir kehrten zu unseren Rädern zurück und radelten durch den Wald in Richtung des Ortes. Kurz davor bogen wir jedoch noch einmal in Richtung Strand ab. Zu unserer Überraschung kamen wir am roten Leuchtturm heraus. Bei ihm stand eine ungewöhnlich große Menschenmenge und auch am Strand waren viele Leute. Sie alle schienen irgendetwas auf dem Meer zu beobachten. Wir stellten die Räder ab und eilten vor ans Wasser. Dem Blick der anderen folgend entdeckten wir ein Stück weit draußen eine Reihe grauschwarzer Brocken. Einige schienen hin- und herzurollen, doch ganz sicher waren wir uns nicht. Andererseits würden so viele Menschen nicht wegen ein paar Steinen im Wasser stehen bleiben. Als dann einer der Brocken seinen Kopf hob, einige Schaukelbewegungen vollführte und im Wasser verschwand, gab es keinen Zweifel mehr: es waren Robben, die auf einer Sandbank geruht hatten und nun von der Flut allmählich vertrieben wurden. Eine nach der anderen glitt ins Wasser und es dauerte gar nicht lange, da waren sie alle miteinander verschwunden. Sogar die Sandbank selbst war nicht länger auszumachen, da sich die Wellen schon nicht mehr an ihr brachen. Die Menschentraube löste sich auf, und auch wir radelten nun endgültig in den Ort zurück.

Den nächsten Tag gingen wir etwas geruhsamer an. Um ins Watt hineinzulaufen, lagen die Tidenzeiten zu ungünstig, darum folgten wir dem Pfad, der unmittelbar hinter den Häusern begann. Er brachte uns in den Wald, der nicht von Natur aus hier stand, sondern vor langer Zeit angepflanzt worden war, um die Dünen zu stoppen, was man den zwar dickstämmigen, aber gleichmäßig beieinander stehenden Bäumen auch deutlich ansah. Weit reichte der Forst jedoch nicht. Schon bald standen wir an seinem jenseitigen Rand an einer Mulde ähnlich der, die wir auf unserer ersten Wanderung gesehen hatten. Auch auf ihrem Grund zeichneten sich die unterlagernden Dünen ab und wie zum Beweis blitzte hier und da ein Flecken Sand aus der Grasnarbe hervor. Erneut streifte uns die Harmonie dieser Formen, und wieder wären wir gern in die Mulde hineingelaufen, doch auch hier hinderte uns ein Weidezaun daran.

Dem einzigen vorhandenen Pfad in Richtung Meer folgend überquerten wir kurz darauf den Weg, auf dem wir tags zuvor aus den Marschen gekommen waren. Wenig später standen wir am Rand eines grasbewachsenen, flach zum Meer hin abfallenden

Dünenfeldes. Leuchtend gelb lag es vor uns. Ein leichter Wind strich über die Hügel, in dem sich die langen Halme des Dünengrases sacht bewegten wie Ähren eines reifen Kornfeldes. Noch ehe wir richtig wussten, was wir taten, liefen wir schon in die Dünen hinein. Als wir den Weg hinter uns nicht mehr sehen konnten, ließen wir uns nieder und hielten Rast. Um uns herum gab es nichts als gelbe Hügel und dahinter ein blaues, lautloses Meer. Über beidem spannte sich ein wolkenloser Himmel und mittendrin saßen wir; allein mit Sand, Gras und dem leichten Wind. Unser Blick blieb auf dem Weg zum Strand an ein paar Dünenkämmen hängen und nahm dennoch die gesamte Umgebung wahr. Abgesehen von gelegentlichen Fasanenrufen war es vollkommen still. Die Ruhe der Landschaft übertrug sich auf uns und noch deutlicher als sonst spürten wir, wie die Harmonie der Windgebilde uns wohltat. Die Sonne schien warm auf uns herab, und wieder wehte uns ein Hauch von Sommer an. Fast hätten wir uns rücklings ins Gras gelegt, um den ganzen Tag in den Dünen zu verträumen, doch irgendetwas hinderte uns im letzten Moment daran. Ein Hase kam einen der Hügel heraufgehoppelt, beäugte uns eine Weile und verschwand. Sonst regte sich nichts, und doch saßen wir lange da und schauten und hätten es auch noch länger tun können, ohne dass uns langweilig geworden wäre.

Irgendwann setzten wir unseren Weg fort. Querfeldein über das Dünenfeld erreichten wir den nächsten Zugang zum Strand und folgten ihm. Unmittelbar hinter der letzten Düne versperrte uns ein breiter Wasserlauf den Weg. Wie ein Fluss zog er sich mäandrierend dem Meer entgegen, ohne es zu erreichen. Beidseits von ihm stand dichtes Schilf, rechterhand jedoch vom Wasser getrennt durch einen Streifen halbtrockenen Sandes, der das Vordringen zum Meer zu ermöglichen schien.

Dorthin wandten wir uns und hatten uns nicht getäuscht. Den ausgetrockneten Rinnsalen, die den Sand in Richtung Wasserlauf durchzogen, trauten wir zwar nicht, doch dazwischen fanden wir genügend begehbare Stellen. Mal laufend, mal springend arbeiteten wir uns dem Meer entgegen. Aus dem Schilf ertönte das Quaken unzähliger Frösche, doch unsere Versuche, wenigstens einen einzigen zwischen den Halmen zu entdecken, scheiterten ausnahmslos.

Endlich standen wir am Strand. Das Meer lag ruhig da, nur kleine Wellen schwappten heran. Wir zogen unsere Schuhe aus und liefen im flachen Wasser entlang. Unsere Füße waren vom Laufen erhitzt, und so spürten wir erst nach einer Weile, dass das Wasser dafür eigentlich noch zu kalt war. Schnell zogen wir uns aufs Trockene zurück, wo unsere schon rotgefrorenen Zehen dank des Sonnenscheins schnell wieder warm wurden.

Zunächst liefen wir durch hellen Sand, doch es dauerte nicht lange, da wurde dieser immer dunkler, bis er schließlich in graubraunen Schlamm überging. Wir standen im Watt. Unsere Füße sanken knöcheltief ein, und der Schlamm quoll zwischen unseren Zehen empor. Zahllose kleine Häufchen aus kreuz und quer übereinanderliegenden, wie Regenwürmer aussehenden Sandwülsten bedeckten den Boden und erinnerten uns an Kleckerburgen. Gemessen an ihrer unüberschaubaren Menge musste es hier von Wattwürmern nur so wimmeln. Ob wir einen solchen zu Gesicht bekamen? Wir ließen unseren Blick von Häufchen zu Häufchen wandern, und obwohl es der Suche nach der Nadel im Heuhaufen glich, hatten wir Glück. Wir sahen zwar nicht den Wurm an sich, doch eine der Röhren wand sich kurz, bevor auch ihr Schöpfer im Boden verschwand. Sie blieb aber die einzige, alle anderen Wurmburgen zeigten sich reglos und längst verlassen.

Kurze Zeit später verschwanden die Häufchen. Der Boden wurde ein klein wenig trockener, blieb jedoch schlammig und dunkel. Zudem war er nun mit Steinchen und Muschelschalen übersät, die uns unangenehm in die Fußsohlen stachen. Gern hätten wir jetzt unsere Schuhe wieder angezogen, doch dafür hätten wir erst einmal die Schlammkruste von unseren Füßen entfernen müssen. Vorsichtig unsere Tritte suchend, liefen wir weiter, wobei wir oft genug schmerzhaft auf tiefer im Boden steckende Muscheln und Steine traten. Und obwohl diese Art des Gehens unsere volle Konzentration in Anspruch nahm, hörten wir wenig später, wie es in dem schlammigen Untergrund hell und leise zu gluckern begann. So wie eben die Wurmburgen, schienen nun überall kleine Sprudel verteilt zu sein, auch wenn wir nichts dergleichen erblicken konnten. Wir schauten auf. Das Meer umspülte die weit draußen gelegene Sandbank und war damit ein gutes Stück entfernt, doch aus unserer Zeitung wussten wir, dass die Flut allmählich kam. Das Gluckern im Boden, ausgelöst durch unzählige Luftbläschen, die vom aufsteigenden Wasser emporgepresst wurden und platzten, war ihr Vorbote.

Begleitet von den Bodengeräuschen gingen wir weiter. Unsere Füße hatten jedoch allmählich genug von all den verborgenen Spitzen und Kanten und verlangten mit Nachdruck nach ihren Schuhen. Wo konnten wir sie nur waschen? Uns blieb nichts anderes übrig, als genau das zu tun, was man eigentlich eher lassen sollte: uns trotz aufkommender Flut zu einer Wasserrinne zwischen Sandbank und Strand zu begeben. So schnell es der Untergrund zuließ, strebten wir vom Land weg der Sandbank entgegen. Mit dem sandiger werdenden Boden verschwanden die Steine und Muscheln. Schon wollten wir aufatmen, doch an ihre Stelle traten die für Meeresboden typischen Wellenrippeln, die, unnachgiebig und hart wie sie waren, unsere Füße nicht weniger schmerzten. Schon bald kostete uns jeder Schritt Überwindung, und die Wasserrinne rückte in unerreichbare Ferne. Aber wir hatten keine andere Wahl, und so bissen wir die Zähne zusammen und liefen weiter, bis wir irgendwann am Wasser standen.

Erleichtert wuschen wir unsere Füße und steckten sie zurück in die Schuhe. Erst jetzt hatten wir den Blick frei für anderes und entdeckten, dass sich hinter der ersten noch eine zweite Sandbank befand, auf der sich ein paar Robben tummelten. Gerade ließ sich eine von ihnen ins Wasser gleiten. Wir erwarteten, dass sie auf und davon schwimmen würde, und sahen umso erstaunter, wie sie es sich kurz darauf auf der nähergelegenen Sandbank bequem machte. Eine zweite und dritte folgte ihr, und da erkannten wir auch den Grund: die hintere Sandbank ragte kaum noch aus dem Wasser und würde in wenigen Minuten vollständig überspült sein. Vorsichtshalber schauten wir uns um. Der Weg zurück aufs Land war noch frei, doch eine bisher kaum wahrgenommene Vertiefung hinter uns begann sich bereits mit Wasser zu füllen.

Die anderen Tiere auf der hinteren Sandbank folgten nun ihren drei Artgenossen und kamen herüber. Obwohl wir nicht ganz sicher waren, wie viel Zeit wir noch hatten, blieben wir stehen. Zu verlockend war es, die Tiere aus so geringer Entfernung beobachten zu können. Die meisten lagen zwar nur da, doch einige wälzten sich auch hin und her oder robbten von einem Ende der Sandbank zu anderen, wohl auf der Suche nach der Stelle, die am längsten trocken zu bleiben versprach. Denn bereits jetzt zeichnete sich ab, dass auch hier keine dauerhafte Ruhe vor dem Wasser zu finden sein würde. Die hintere Sandbank war schon nicht einmal mehr am Wellenspiel über ihr zu erkennen, und auch wir hatten schon ein wenig zurücktreten müssen. Uns von Zeit zu Zeit nach der Wasserrinne hinter uns umsehend warteten wir weiter, gespannt, was die Tiere dann wohl täten. Es dauerte auch nicht lange, da machte sich eine gewisse Unruhe unter den Robben breit. Immer wieder hoben sie ihre Köpfe und spähten umher, als wüssten sie nicht recht, wie sie sich entscheiden sollten. Dann verschwand die erste im Wasser und wie vorhin folgten ihr nach und nach die anderen. Binnen weniger Minuten war die Sandbank leer. Daraus, dass die Tiere diesmal nicht über, sondern unter Wasser schwammen, schlossen wir, dass ihr Ziel in größerer Entfernung lag, und sie nicht mehr in der Nähe auftauchen würden. Bevor die sich füllende Wasserrinne uns gänzlich den Weg abschneiden würde, wandten wir uns daher zum Gehen. Wir überquerten den immer noch gluckernden Schlamm und liefen am Strand entlang, bis wir das Ende des Waldes erreicht hatten. Durch eine Wildnis aus berghohen Dünen, die der Wind vor dem Hindernis aufgetürmt hatte, kehrten wir ins Dorf zurück.

Tags darauf lagen die Gezeiten so günstig, dass wir uns in das Watt zwischen Insel und Festland wagen wollten. Wir verließen den Ort also in der anderen Richtung, überquerten den Deich und liefen geradenwegs in den Schlamm hinein. Die Schuhe behielten wir diesmal an. Zum einen, weil wir auch hier mit Steinchen und Muscheln rechnen mussten, zum anderen, weil das Wetter umgeschlagen hatte. Statt der strahlenden Frühlingssonne der letzten Tage herrschte ein kräftiger, kalter Wind, der graue Wolken am Himmel entlangjagte, und wir waren froh, dass es nicht auch noch regnete.

Zunächst war der Schlamm relativ fest und trocken und lief sich ähnlich dem, den wir von unseren bisherigen Ausflügen kannten. Von Zeit zu Zeit hoben wir eine der herumliegenden Austernschalen auf und staunten, wie groß diese werden konnten. Je weiter wir jedoch kamen, desto feuchter und weicher wurde der Untergrund, und bald sanken wir bis über die Knöchel in breiigem Schlick ein. Dennoch liefen wir weiter. Unsere Füße hinterließen schwarze, ölige Löcher, aus denen es unangenehm nach einer Mischung aus faulendem Fisch und Schmierfett stank. Manchmal rutschten wir weg und drohten zu fallen, oder unsere Füße saugten sich im Schlamm fest und wir konnten sie nur durch einen kräftigen Ruck für den nächsten Schritt befreien. Kühle drang an unsere Füße und wurde mit jedem Schritt kälter, bis sie regelrecht eisig war. Schlagartig wurde uns klar, dass das Meer überhaupt noch keine Gelegenheit gehabt hatte, sich auch nur ein bisschen zu erwärmen. Der gesamte Winterfrost steckte noch in ihm - es war eben doch Anfang April und nicht Hochsommer, wie uns die letzten beiden Tage hatten glauben machen wollen. Dennoch stapften wir weiter. Angst, dass uns die irgendwann einsetzende Flut überraschen würde, hatten wir nicht mehr – wir würden sie durch das Gluckern des Bodens rechtzeitig bemerken.

Mit der Zeit wurden die Austernschalen weniger. Bauten von Wattwürmern gab es hier nicht, und auch unsere Hoffnung, einmal eine Krabbe zu sehen, wurde enttäuscht. Bar jeglichen sichtbaren Lebens erstreckte sich das Watt als endlose Schlickwüste, in der einzig einige blinkende Wasserpfützen für Abwechslung sorgten.

Als wir uns nach einer Weile umschauten, sahen wir, dass wir schon ein gutes Stück vom Ufer entfernt waren, viel weiter, als wir es jemals schwim-

mend gewagt hätten. Eine lange Reihe dunkler Löcher im Schlamm zeichnete unseren Weg nach, und nun wurde uns doch ein wenig beklommen zumute. Ein uralter Instinkt hieß uns, sofort umzukehren und zurückzugehen. Diesem Impuls widerstanden wir zwar, doch wirklich vorwärts wollten wir auch nicht mehr. Das Watt würde sich noch lange so fortsetzen, die einzige Veränderung darin bestehen, dass der Schlick immer tiefer und rutschiger, das Gehen immer schwieriger und riskanter wurde, und in den Schlamm zu fallen, war angesichts der Kälte und des Gestanks nun wirklich nicht erstrebenswert. Das jenseitige Festland, das von der Insel aus manchmal so nah gewirkt hatte, schien jetzt – obwohl nie unser Ziel – unerreichbar fern.
Unschlüssig standen wir da und wussten nicht recht, was wir tun sollten. Links von uns lag, ein paar hundert Meter entfernt, die Mole des Yachthafens, doch uns dorthin zu wenden, wäre dem Zurückgehen gleichgekommen. Also wandten wir uns nach rechts, in Richtung Inselspitze. Der Wind traf uns nun mit voller Macht von vorn. Mit gesenktem Kopf und gebeugtem Oberkörper stemmten wir uns gegen ihn und arbeiteten uns vorwärts. Die Anstrengung reichte jedoch nicht aus, unsere Körper zu erwärmen; und

nur langsam vorankommend fühlten wir den Wind uns allmählich von außen und innen auskühlen, als würde er durch uns hindurchblasen. Immer stärker spürten wir die schlammige Kälte an unseren Füßen, die zunehmend steif wurden und das Balancehalten noch schwerer machten. Hätten wir nicht um die Existenz der sandbankähnlichen Landzunge an der Inselspitze gewusst, wären wir vermutlich doch noch umgedreht. So jedoch liefen wir trotz aller Widrigkeit weiter. Nichts als den Boden vor Augen und einen Fuß vor den anderen setzend kämpften wir uns Schritt für Schritt dem unsichtbaren Ziel entgegen, ohne noch an etwas Anderes denken zu können.

Eine Ewigkeit schien vergangen, als wir mit Erleichterung bemerkten, wie der Schlamm nach und nach trockener wurde. Wenig später sanken unsere Füße nicht mehr ein – wir hatten die Landzunge erreicht. Zunächst über den nackten Schlamm, später durch die Schilfgrasstoppeln hindurch eilten wir so schnell es unsere fühllosen Füße erlaubten dem Strand entgegen. Auf kürzestem Weg durchquerten wir die Dünen und kehrten in unser Quartier zurück, wo wir uns mit Fußbad und Tee wieder aufwärmten.

Am nächsten Morgen hatte sich das Wetter beruhigt. Der Himmel war wieder blau und die Sonne schien, auch wenn es nicht mehr ganz so sommerlich war. Für uns war es der letzte Tag auf der Insel. Vieles von dem, was in unserem Informationsheftchen beschrieben stand, hatten wir inzwischen auch selbst gesehen. Nur die auf einer Seite abgebildeten Erd- oder Schlammbatzen hatten wir noch nicht entdeckt. Wo genau sie zu finden wären, konnten wir aus dem niederländischen Text nicht entnehmen, doch hatten wir bereits eine Vermutung.

Wir liehen uns noch einmal die Räder und fuhren vor zum Deich. Auf seiner Krone radelten wir gen Osten aus dem Ort hinaus. Vorbei am Fähranleger, an den Feldern und Weiden entlang, bis wir das Ende des Deiches erreicht hatten. Jäh lagen dort die Marschen vor uns und bildeten mit ihrem gelben Grasgewirr einen nahezu überscharfen Kontrast zu dem wohlgeordnet sprießenden Grün der landwirtschaftlichen Fluren. Der Weg bog nach Norden ab, als wollte er die Felder einfassen und vor diesem Chaos gleichsam schützen. Wahrscheinlich führte er zu den Wirtschaftsgebäuden, die auf unserer ersten Radtour das Ende des kultivierten Landes markiert hatten. Doch dahin wollten wir nicht. Wir wollten in die Marschen, denn hier hofften wir, die seltsamen Gebilde aus dem Heftchen zu finden. Leider versperrte uns wieder einmal ein Weidezaun den Weg. Zum Glück hatten wir jedoch im Vorbeifahren ein Tor in ihm gesehen. Dort stellten wir die Räder ab, kletterten hinüber und schon standen wir auf dem schmalen Stückchen Ufer zwischen Meer und Deich, von wo aus wir ungehindert in die Marschen gelangen konnten.

Am Ufer bleibend setzten wir unseren Weg fort. Zunächst änderte sich nicht viel, nur dass sich statt des Deiches unmittelbar das Grasland an den schlammigen Strand anschloss. Bald jedoch begann die Grasmatte sich zu heben. Eine dunkle Schicht Erde wurde unter ihr sichtbar, die scharf zum Ufer hin abbrach. Je weiter wir gingen, desto dicker wurde diese Schicht, bis sie ungefähr kniehoch war und uns ein wenig an ein zu klein geratenes Kliff erinnerte. Ihr Anblick beeindruckte uns; soviel Erde übereinander hatten wir noch nie gesehen. Entstanden aus nichts als Meeresschlick war sie mehr geworden als nur eine Schicht Humus auf steinernem Untergrund – sie selbst war Land, frisches Land, das versuchte, sich aus dem Wasser zu erheben.

Wenig später entdeckten wir ein paar dicke schwarze Batzen, die vor der Abbruchkante auf dem Strand lagen. Sie ähnelten denen in unserem Heftchen, waren jedoch eckiger und kantiger als diese. Einen Moment lang waren wir unsicher, ob wir das Foto vielleicht falsch verstanden hatten, doch schon entdeckten wir auch einen Batzen, der etwas abgerundete Ecken hatte. Ein paar Schritte weiter gab es noch einige solche, und dann wurden sie immer zahlreicher und runder. Bald säumten sie nicht mehr nur die Wiesenkante, sondern bedeckten nahezu das gesamte Ufer, als wären sie Pflastersteine. Manche von ihnen lagen einfach nur oben auf, die meisten jedoch steckten teilweise oder ganz im Boden. Sicherlich waren auch sie einmal als scharfkantige Brocken aus der Erdwand herausgebrochen, nach und nach rundgewaschen worden und dabei immer tiefer in den schlammigen Sand eingesunken. Eines Tages würden sie ganz verschwunden sein, doch bis dahin würde das Meer längst neue Stücke aus dem werdenden Land gerissen haben.

Wenn wir angenommen hatten, dass die Batzen uns nun den ganzen weiteren Weg begleiten würden, so sahen wir uns getäuscht. Schon nach wenigen Metern waren sie plötzlich wieder verschwunden, obwohl die Erdschicht unter dem Gras eher noch dicker zu werden schien. Kurz darauf standen wir an einem tief in die Grasebene eingeschnittenen Fleet.

Weit aus dem Inneren des Marschlandes kommend querte es den Uferstreifen und mündete ins Meer, auch wenn dieses gerade gar nicht vorhanden war. Wie nun weiter? Um hindurchzuwaten, war das Wasser zu tief, und außerdem trauten wir dem schlammigen Grund des Fleetes nicht. Schon seine Ränder schienen butterweich zu sein. Ein Stein, den wir versuchsweise warfen, bestätigte unseren Verdacht, indem er fast lautlos im Schlamm verschwand. Hinüberzuspringen verbot sich damit also auch, wenn wir nicht mindestens knietief versinken wollten. Wir stiegen hinauf auf die Wiese, doch hier konnten wir erst recht nicht springen, der Graben war viel zu breit. Aber vielleicht würde er landeinwärts schmaler sein?

Wir begannen, am Rand des Fleetgrabens entlangzulaufen, kamen jedoch abermals nicht weit. Schon bald standen wir an einem weiteren Fleet, das in das erste mündete. Es war zwar schmaler, aber immer noch zu breit, um es zu überspringen. Widerstrebend mussten wir einsehen, dass uns ein Vordringen ins Marschland auch diesmal verwehrt blieb. Etwas enttäuscht folgten wir dem Verlauf des zweiten Fleetes, da es in die Richtung führte, in die wir ohnehin gehen mussten – nämlich zurück. Es dauerte nicht lange, da querte der nächste Graben unseren Weg. Er war wiederum ein wenig schmaler und flacher als die beiden ersten und führte im Moment nicht einmal Wasser. Ihn hätten wir mit einem Sprung leicht hinter uns lassen können, doch jetzt wollten wir nicht mehr. Stattdessen liefen wir nun an ihm entlang, bis wir folgerichtig den nächstkleineren fanden, der in ihn mündete. Er war schon nur noch eine schmale Furche und um das Rinnsal zu entdecken, dass ihn speiste, brauchten wir nicht einmal weiterzugehen.

Wir blickten auf. Ohne es direkt zu sehen, wussten wir plötzlich, dass noch viel mehr solch großer und kleiner Wassergräben von allen Seiten in das Fleet mündeten, und im weiteren Verlauf der Ebene würde es noch mehrere dieser Wasserläufe geben, ein jeder mit seinem eigenen zigfach verzweigten Netz von Zuflüssen. Gleich dem Watt mit seinen Prielen war die gesamte Marsch durchzogen von kleinen und großen Wasseradern, die wie Bäche und Flüsse ineinander mündeten und doch keine waren. Viel zu eng waren sie noch mit dem Meer verbunden und öffneten ihm Wege, das junge Land wieder mit sich zu reißen, wann immer es wollte. Mit einem Mal fiel es uns nicht mehr schwer zu akzeptieren, dass sich dieses verwundbare Stück Insel, das gerade erst aufgehört hatte, Meeresboden zu sein, uns nicht vollends preisgeben wollte.

Wir kehrten also zu den Rädern zurück, und da wir nun viel Zeit hatten, fuhren wir noch einmal quer über die Insel bis zu dem Strand mit dem Wanderdünenfeld. Wie bei unserem ersten Besuch herrschte Sonnenschein und leichter Wind, und doch war alles anders. Kein Sternenstaub wehte uns entgegen, und auch die Leichtigkeit der kleinen Dünen war verflogen. Erdenschwer und kraftlos lagen sie da, als wollten sie sich nie wieder von der Stelle rühren. Aber wieso? Noch ehe wir diese Frage zu Ende gedacht hatten, sahen wir es schon: die oberste Schicht Sand war feucht und klumpig wie nach einem Regenschauer. Wahrscheinlich war in der Nacht nur Tau gefallen, doch schon er hatte ausgereicht, um das Spiel des Windes zu stoppen. Wie lange würde es wohl dauern, bis der Sand wieder trocken genug war um weiterzufliegen? Stunden? Tage? Wir wussten es nicht, doch wir ahnten nun, dass wir bei unserem ersten Hiersein einen der seltenen Momente erlebt hatten, in denen das Geheimnis der Dünen offenbart wurde, das in ihren erstarrten

Formen zwar konserviert und doch nur angedeutet war.

Da es uns immer noch zu früh für eine endgültige Rückkehr war, verweilten wir noch ein wenig am Strand. In einem Streifen Geröll, den eine Sturmflut hinter dem Dünenfeld abgelagert haben musste, sammelten wir noch das eine oder andere Erinnerungsstück auf, bevor wir durch den Kiefernwald in den Ort zurückfuhren.

Wir liefen nicht bis ins Zentrum zurück. An der nächstgelegenen Bushaltestelle blieben wir stehen und kramten die Busfahrkarten und das Fährticket hervor. Auch gedanklich versuchten wir, die Verbindung zur Außenwelt wieder aufzunehmen, doch es gelang uns nur unzureichend. Konnte es wirklich noch etwas anderes geben? Etwas, das weniger veränderlich war als diese Insel aus Schlick und Sand, Wasser und Wind, die nur bestand, weil sie sich täglich neu erschuf?

Als wir im Fährhafen ankamen, herrschte Ebbe. Das gesamte freigelegte Watt während der Überfahrt vom Deck der Fähre aus zu beobachten, wäre sicherlich interessant gewesen, und doch taten wir es nicht. Unser Aufenthalt auf der Insel war jetzt, da wir die Fähre betreten hatten, zu Ende, und so sollte es auch bleiben. Eine Verbindung zwischen ihr und der Welt, in die wir nun zurückkehrten, brauchte es nicht zu geben.

Weitere Titel dieser Reihe:

Aus dem Schatzkästchen der Inselbummlerin
Hiddensee Kefallonia Barra
ISBN 978-3-86858-23-8

Regina Gehmlich wurde 1972 in Dresden geboren. Nach dem Abitur studierte sie Mineralogie an der TU Bergakademie Freiberg. Sie lebt heute in Weißenborn/Erzgebirge, ist verheiratet und hat drei Kinder.

In ihren Landschaftserzählungen stellt Regina Gehmlich Inseln der unterschiedlichsten Regionen vor, wobei es weniger um spektakuläre Abenteuer, als vorrangig um die kleinen und großen Wunder am Wegesrand geht, die die Poesie einer Landschaft ausmachen. Mehr Informationen über die Autorin und ihre Arbeit finden Sie auf Ihrer Internetseite unter www.inselbummler.de

Copyright 2014 Regina Gehmlich

Herstellung und Verlag:
BoD – Books on Demand, Norderstedt

Bibliographische Information der Deutschen Nationalbibliothek
Die Deutsche Nationalbibliothek verzeichnet diese Publikation in der Deutschen Nationalbibliographie; detaillierte bibliographische Daten sind im Internet über http://dnb.d-nb.de abrufbar.

ISBN 978-3-73229-958-4